幼児と子ども・保育者はこうして育てる

幼児と子ども・保育者はこうして育てる

講演・エッセイ集

畑島喜久生◉——著

学樹書院

目　次

第一章　幼児をこうやって育てる

いま幼児教育を考える

一　ピアジェの子ども把握から——

わたくしは、学校の教師になって58年目になります。現在は、保育者養成の専門学校教師（校長）をしておりますけれども、小学校から大学までといろいろやってまいりました。しかし、いわゆるいうところの「幼児教育」の専門家ではございません。……「教育者」であることは間違いないのですが、また半分は「物書き」で、この三月に作りました、この——『子どもに向けての詩のつくりかた入門』（てらいんく、二〇〇六年）が73冊目の著作になります。ですから、物書きの端くれであると同時に、「子ども」や「子どもの言葉」については、それなりに識《し》っているつもりで——いってみて、その分だけではプロということになるかもしれません。

話は変わりますが、わたくしは、いま郷里のローカル紙に「いま教育を考える」という教育の連載コラムを書いております。そんなこともあって、現教育についてのいろいろな資料を蒐《あつ》めているわけです。それできょうは、そんなことともかかわらせながら、焦点を「幼児教育」に絞って、話をさせていただきたい、と思うのです。……ときにいま「幼児教育」の問題もさまざまです。しかし、時代がどのように変ろうと、現象的な側面はともかく、「子どもとは何か」という子どもの本質的なことにかんしては、いささかの変更もない、そういっていいと思います。

わたくしのつくりましたこの本（『子どもに向けての詩のつくりかた入門』）には、スイスの心理学者、ジャン・ピアジェの子ども観を索《ひ》いて、こう書いています。

◦子どもは大人の縮図ではない。
◦子どもの知恵は大人の知恵を小さくしたものではない。
◦子どもは大人からの引き算ではない。
◦子どもは大人の二番煎じのいのちを生きているのではない。

ひとことでいうと、子どもはそのままで、子どもとしてのいのちを生きているということです。おとなによる勝手な色づけなど、本質的にはできない、ということになります。心理学ではそれを、「子どもはタブララサ（白紙）として生まれでるのではない。〝構造〟として生まれてきている」ということになるのですが、このことは、子どもの捉え方の〝革命〟といっていいほどで、心理学界のみならず、教育界にも大きな影響を齎《もたら》しました。それが現代教育の原点といっていいほどまでに。……これから申し上げることも、そのことからの派生ということになります。

二　最高の「知性」とは⁉

わたくしはこのところ、脳科学についての勉強ばかりしています。脳科学の本がでると、片っ端から読むので す。そのいちばんの理由は、これまで「仮説」としていわれてきていたようなことがらが、20世紀末葉から急速に展けてきた脳科学によって、実証的に分明化してきている――そのことを知る楽しみとしてです。いま脳科学こそが、21世紀最先端科学といわれているなかで、極めてこれは刺激的、……例えばこれから読みあげる〝知性論〟など――。

（……）いまの脳科学で知性をどうとらえるかというと、コミュニケーションの能力っていうことだと思うんですね。コミュニケーションが何で知性の本質かというと、コミュニケーションの対象となっている相手が世界のなかでもっとも予想がむずかしいものだからなんですよ。つまり他人の心というのは人間が向きあうもののなかで、もっとも重要であり、もっとも予想しにくいものに入るんじゃないですか。知性の本質って、いかに予想がむずかしい新しい状況に柔軟に対応できるかということですからね。

（中略）

（……）ようするにコミュニケーション技術のほうがドリルよりもよっぽど知性っていうものには近い。養老孟司さんも「教養とは他人の心がわかることだ」とか言っているけど、あれと同じですね。関係性をとおして人間って劇的に変化していく。教育っていうのは人を変えるためにあるのに、いまの親は、「人間は変えないで知識だけ与えてくれ」と言うんだけど、それは無理な話ですね。

（『脳の中の小さな神々』茂木健一郎、聴き手・歌田明弘、柏書房、二〇〇四年）

これなどは、痛烈な「親批判」でしょう。そしてわたしは、それだけではなくて、いま現在にあっての、社会批判、教育界批判でもあると思うのです。

国家機関である文部科学省も、また教育についての知的リーダーといわれている、その方面の学識経験者たちも、現教育について、それぞれさまざま、それなりのことはいっていますけれども、これぞ、と腑に落ちる決定論的なことは、だれも言えていない。言い得ていない。それどころか、勉強不足で、旧来的な思考の範囲を抜けでていないとすらいっていい。……茂木や養老のいっている意味での「知性」や「教養」があるとは、とうてい思えないようなレベルのこととしてでしか……。

わたくしに与えられている時間は40分しかありません。それで、その時間いっぱいを使って、いままでいってきたことに話を連ね、「ではどうするか、どうすればいいか」を話せばいいのですが、それが難しい。単なるハウツウ的な話になっては申し訳ないことになってしまいます。それでは、本当の意味での、先行きを見通しての展望が展けていかない。――わたくしとしましては、対症療法ということでの、いわゆる教育の〝俗論〟次元には堕したくない。そこできょうは、苦肉の策として、最近刊の本を六冊持って参りました。……それで、そこでのそれぞれの本のポイントを繋げながら、きょうの主題にかかわる、いちばんの根幹の部分を、いわゆる「幼児教育」のノウハウとして話させていただきたいと思うのです。

三　それぞれの本を貫いているもの

1　「食」は生の基本

『まともな人』（養老孟司、中公新書、二〇〇三年）という、いまをときめく解剖学者、養老孟司のシリーズ本です。（『バカの壁』［新潮新書、二〇〇三年］のばあい、去年の三月ごろまでに、300万部売れたといわれています。）早速読んでみます。

当時の大学は、いまとは比較にならないほど管理も悪く、建物もボロだった。野良猫が自由に出入りしていたり、廊下をクマネズミが歩いていたりした。そういう環境に放された籠のネズミは、アッという間に野生化する。水と餌とねぐらを、自分で探さねばならない。周囲は危険に満ちている。そういう状況に置かれたとたん、籠育ちのネズミが急速に育つ。

いま教育問題がやかましい。子どもの評価のなんとかかとか、指導要領のなんとかかとか、教育の問題を議論する会合に年中呼び出される。教育の根本はなにかというなら、話は簡単である。水と餌とねぐら、それを自分で探すようにさせる。そうすれば、アッという間に子どもは育つ。以上終わり。

現代社会では、かつてのネズミにとっての大学の廊下、そのていどの緊張感のある環境もない。安全快適、どこにも危険など見えない。親があえて子どもを放したって、社会環境が安全第一だから同じことである。いわば日本全体が籠の中になった。それを私は脳化という。都市化でもいい。

これは「教育を受ける動機がない」というわが国における教育の無動機状態についていっているのですが、「水と餌とねぐら」を探させることが「教育の基本」だというのが主旨です。実験用のクマネズミを例に、正に言い得て妙といったところ。いま日本全体が豊かな経済力ということで「籠の中」化しています。したがって、教育を受けるモチベーションが失われてしまっている――そういっているのです。

ここでちょっと後戻って、茂木健一郎の〝知性論〟といいますか、〝コミュニケーション論〟を振り返ってみましょう。彼はさっきいいましたように、「人間の最高の知性」は、「コミュニケーション能力」だといっていました。わたしがいれば、あなたがいる――その相互においての相手の胸の内を推測する――そこでの能力を「最高の知性」といっていて、現在、親たちの求めている「知識」は、そのときに行なわれている経験知としての、一部でしかありえない。そんなものをいくら詰め込んでも、未知の世界の問題に対しての、解決的な判断能力たり得ない。そのことによって、人間は本質的には変化発展していかない――「人間は変えないで、知識だけを与えてくれ」というのは、無意味で、無駄だといっているんです。

ときに同じことをイギリスのサイエンスライターである、マッド・リドレーも『やわらかな遺伝子』（中村桂子・斉藤隆央訳、紀伊國屋書店、二〇〇四年）という本でいっています。「教育とは結局、頭に知識をいっぱいに詰め込むことではなく、生きていくうえで必要な脳の回路を鍛え上げることだ。」と。茂木は、養老孟司の「教養とは、他人の心が分かることだ。」という言葉を借りて、自説の〝知性〟説を強調していましたが、きょうは、そのアンチ「偏差値的知識中心主義」についての理解を得ることだけで、この話を終わってもいいくらいだ、とさえ思っているのです。

2 「遊び」こそが大切

二冊目のこの本は、世界的な思想家であり、詩人としても有名な吉本隆明の最近刊の『家族のゆくえ』（光文社、二〇〇六年）です。漫画家のハルノ宵子さん、作家のよしもとばななさんの養育経験を混じえて書いてあるのですが、「幼児」の捉え方にかかわっては、わが国の第一人者だと、わたくしは思っております。そしてその彼は、「性格形成の大部分は、幼児期に決まる。」と断言しているのです。その幼児期においての母子の愛の絆の大切さを述べ、育て方としては、「遊びが生活のすべてである」と遊びの大切さを強調しています。少年少女期迄は、遊びを生活の全体として捉える。そしてひたすら遊ばせる――と。

遊びが生活のすべてである

少年少女期というのは、学制から見れば小学校へ上がるころから中学生までの時期になるが、ここでいちばん重要なことは遊ぶことの拡大だとおもう。親の側からいえば、何も干渉せずに遊ばせる時期だと思う。

少年少女期の定義は何かといったら――「遊ぶこと」がすなわち「生活のすべて」である生涯唯一の時期だ。「生活がすべて遊びだ」が実現できたら、理想の典型だといえよう。遊び以外のことは全部余計なことだ。この理想が実現できなければ、おどおどした成人ができあがる。もちろん、わたしもそうだ。これは忘れてはならないことにおもえる。

「遊び」が「生活全体」である、というのが本質だから、できれば遊び以外のことはやらせないほうがいい。どんな大金持ちの息子であろうと、どんな貧しい家庭の子供であろうと、生活全体が遊びの時期であるという意味では隔たりがない。

これだけでは、信用してくださらない方、また、十分に納得がいきかねる、という方がいらっしゃると思いますので、「いま『子どもの脳』が危ない」というタイトルの寺沢宏次という生理学者の言説を、つづいて引用してみます。子どもの遊びと脳の発達についてです。そしてそれは、さっきのマッド・リドレーの短い引用とも結びついています。「経験不足が脳を未熟にする」という項目の後半部分ですが、つぎのように書かれています。

実は脳が育つには、プロセスが欠かせません。脳は試行錯誤《しこうさくご》という経験を重ねるなかで現実社会を知り、自らの力で生きる知恵を育《はぐく》んでいくのです。

五感をフル稼働《かどう》させた体験が少ない今の子どもたちと接していると、彼らは山にエレベーターで登るつもりでいるのだろうか、との思いに駆《か》られることがよくあります。

経験不足の脳が犯す過《あやま》ちの大きさを改めて思い知らされたのは、佐世保《させぼ》小六女児同級生殺傷事件《さつしょうじけん》でした。加害者《かがいしゃ》の少女は、あれだけの残虐行為《ざんぎゃくこうい》に及びながら事件後「まさか本当に死ぬとは思わなかった。会って謝《あやま》りたい」と語っていたといいます。

便利なボタン社会のなかでも、その影響が最も大きいものがテレビやゲーム、インターネットなどのパーソナルメディアです。ボタン一つで、子どもたちは仮想《かそう》の世界にいつでも、簡単《かんたん》に入り込める。未経験の脳は、現実と仮想を識別《しきべつ》する能力など持ち合わせていません。ましてや仮想の世界に一日五時間も浸《つ》かっていたらどうなるか。子どもを取り巻く環境は、私たちが想像する以上に深刻です。

しかし前途《ぜんと》を憂慮《ゆうりょ》してばかりはいられません。子どもの脳は、いくらでも新しい環境に順応《じゅんのう》し可能性を開いていく力も秘めています。子どもたちの群れ、ふれあい、遊びをいかに現代に蘇《よみがえ》らせることができるか、そのサポートを「大人の脳」がどこまでできるかが、今の一番の課題《かだい》です。

（「潮」八月号、潮出版、二〇〇六年八月――傍点　畑島）

言い得て妙――

子どもは、子どものいのちを生きていて、だから親は、そのいのちのときどきと最も見合った生き方をさせる。吉本のばあい、「遊び」をその本体とし、寺沢もまた精神生理学、環境生理学、運動生理学の立場と知見から、戸外における集団による動的な遊びの取り戻しを訴えている。……こうなりますと、アンチ「偏差値的知識中心主義」の、さっきの本の話とも繋がることになっている、と思うのです。

3　大いなる時代状況の変転

つづいてはこの本です。『近代文学の終り』（柄谷行人、インスクリプト、二〇〇五年）。これは教育とは直接関係のない、第一流の文学評論家の書いた、時代状況把握についての極めて文化―教養的な本です。

ひとことでいうと、東大法学部を出て、キャリア職員として財務省などに就職した者が、ものの三か月も勤めていないのに、そこが気にいらないからと、さっさと辞めていく。こんな現象は、一九九〇年以前には考えられなかった、といっているんです。人間の精神構造が変わった、それに伴っての社会構造も変化した。その変化―受容の節目を、二十世紀末葉の一九九〇年、と捉えているのです。そしてその原因を、明治以降における日本近代化のなかで連綿と続いてきた「立身出世主義」の終焉《しゅうえん》だと。その反動として、一九九〇年代以降のグローバリゼーションの下で、その間に挟っていた「文学―小説」などへの内面性の追求も潰《つい》える――それを壊滅《かいめつ》に導いたものが、一九八〇年以降におけるIT《アイティー》社会といわれる高度情報化社会の出現で、分かり易くいえば、テレビ、ビデオ、コンピュータが時代の様相―潮目を大きく変えた、といっているのです。立身出世主義でもない、内面性指向でもない「他人がどう思うかとしか考えない――いわば強い自意識はあるのに、内面性がまるでない」――そんないびつな他人指向型人間が、新奇な型で生まれでてきたと。その切れ目を、十年の胎動期を間においての、「一九九〇年」に定めているのです。

おそらく「教育」も、大きくこのような時代状況の変化に影響されていると思います。しかし、わたくしたちの国の教育学者のなかで、そんな時代把握のうえに立っての議論などしている者は、殆どといっていいほど見かけない。どうも、「近代文学の終り」をいう、文学者とは認識のレベルが違うようなんです。わが国の教育関係者のばあい――。

4 〈愛〉こそがいのち

そこでつづいての本は、アメリカの心理学者の書いた『10代の子って、なんでこうなの!?』（デイヴィッド・ウォルシュ著、佐々木千恵訳、草思社、二〇〇五年）です。思春期の子どもたちへの対応について書かれているのですが、この本を貫いているのは〈愛〉の大切さです。

ティーンエージャーに、地面にしっかり根をおろすことと飛ぶことを教えるには、知識だけでは足りない。

戦略が必要になる。若者が思春期という時代を生き抜き、大きく羽ばたくには、大人が三つの要素をふんだんに与えなくてはならない。その三つとは「つながり」「導き」、そして「愛」である。

至極当然のことが、当然のことのように、教育行為として確認されています。そしてここでいわれている「三つの要素」とは、それがティーンエージャーにのみ必要なのではなくて、幼児においても全く同じだと思うのです。比重のかけかたの分を除いて。

そしてこの本でいわれていることのなかで、日本的実情と比べて注目を索《ひ》くのは、対応の限界性ということです。尽すだけのことを尽して、終局手に負えないときは、専門家に託すよりない、と断言的にいっていること。それは、手放すというのではなく、それをフォローアップする社会のシステムが整っている、ということ――このことについては、わが国の、さっき触れた吉本隆明も『家族のゆくえ』のなかで、全く同じことをいっていました。（日本型教育の特色の問題は、課題として、あとに残ることになりますが。）

アメリカ社会が荒れているのは、わたくしたちもよく知っています。しかしそんなアメリカ的社会情況のなかで、対症療法的な混乱から一歩抜けでて、それを社会システム化している。つづいてはイギリスの教育について述べますが、これらの西欧先進国に対して、こと教育については、わたくしたちの国は、まだ〝後進国〟だということです。教育行政もまた、関係学者たちも、目先の現象に振り回されて、ただうろうろしている――。（しかし現場は、それなりにしっかりしています。）

5　オーソドックスを貫く

そこで、『教育とは──イギリスの学校からまなぶ』（小林章夫、NTT出版、二〇〇五年）という日本の英文学者が書いた、イギリスの教育礼讃本です。（ということは、わたくしたちの国の教育否定ということになるのですが。）

問題解決の方法を身につける

このような授業を傍から見ていてわかったことは、少なくともシックス・フォームでは、ものの考え方を鍛えることに重点が置かれているという点だった。つまりこれまでにも何度か述べたように、知識を総花的に教え込むことに授業の目標があるのではなく、ある一つのテーマを材料として与え、それをさまざまな角度から検討することで、問題解決の方法を身につけていくことに、何よりも力点が置かれているのである。

ひとことでいうと、我が国の教育界のように右往左往していないということ。「問題解決の方法を身につけさせる」と思ったら、徹底してそれを貫く。いってみて、それは「王道」を歩くということでしょう。ゼントルマン教育を目指して、それをあくまでも、どこまでもオーソドックスとする──すなわち国家─国民としてのプライドということになります。

わたくしたちの国の「学力低下論」との対比でいうと、大切なのは「知識」ではなく、「知育」としての「問題解決能力」だといっている。……と、それは初めにいった脳科学者のいう「知性論」とも、本質の部分ではそのまま繋がっている――そういっていいと思うのです。

6　その時々のいのちを生きさせる

最後は、極めつけの『幼児期――子どもは世界をどうつかむか』（岡本夏木、岩波新書、二〇〇五年）という本です。帯には「この時期にこそ　子どもは　『人間』を学ぶ」とでていて、これらのキャッチコピーからみても、「学力低下論」に繋がる「偏差値的知識中心主義」とは、考え方を異にする本だということが分かります。著者は、一九二六年の生まれですから、七十九歳の超ベテラン心理学者です。

ここでいわれているポイントをひとことでいうと、「幼児期不在」の「空洞化」をどう断ち切るか、ということです。子どもには、いや人間には、その時々なりの欠かしてはならない、いのちの埋め方があって、それを欠いてはならない、といっているのです。

……と、そこでの「いのちの埋め方」とはどういうことか⁉　どうすればいいのか⁉

子どもをとりまいている実際の現実は、おとなの都合による能力主義教育の全盛―横行で、子ども本来のいのち、またいのちの果たさせかたが侵蝕されてしまっている――そのことへのエレジーが本書、だといっていいほどなのです。

簡単に内容に触れますと、人間にとっては「生きる」「よりよく生きる」ということが、理想の意味でも、また現実としても厳然とある。理屈っぽくいうと――

- 自己実現（自己同一性《アイデンティティー》の確立）

⇔

・他との関係（自他とのコミュニケーション機能）
の統合のさせ方と、バランスのとり方ということになると思うのですが、人は「個」であると同時に「類」であるということ。だから「共に生きる」という共生の関係をはずしては、人は生きていけない。そして「幼児期」において、関係づくりの〝学習〟として現われでてくるのが「躾」ということになるのです。

……ここで話は、冒頭の脳科学における「コミュニケーション論」に還ることになります。

相手の胸の内を推し測る――それを養老孟司は別の言葉で「教養とは、他人の心がわかることだ」といっていたのですが、そうすると、アメリカのデイヴィッド・ウォルシュのばあい、〈愛〉といっていたことが、それに相当する。と、イギリスの教育は？　……オーソドックスの紳士道（「性行正しく礼儀に厚く学徳ある人」。『広辞苑』）――を身につけるための問題解決能力。……それらは全て、他者への慮《おもんばか》りを含んでいて、日本のばあいにあてはめるとどうなるか？

……「惻隠《そくいん》の情《じょう》」というのはどうでしょう⁉「いたわしく思う心。あわれみの心。」正確には、「惻隠の心は仁の端なり」（孟子　公孫丑上）というのですが、そこでの「仁」とは、仏教の「慈悲」、キリスト教の「愛」に匹敵する思想。ここに「躾」の問題が、集約的に浮きだされてくることになる――わたくしは、そう考えているのです。そして「惻隠」とは「武士道」での美徳中の美徳‼

四　結びとして――「教育」の大切さ

「躾」といえば、「氏《うじ》か育《そだ》ちか」ということがあります。「素質か環境か」ということと同じですが、いま、その「素質」については、一九九〇年代から急速に遺伝子学（分子生物学）が発達し、たいていのことは分かるようになってきています。そんな間で……どんな秀れた素質を持って生まれてきていても、好ましい刺激、すなわち環境としてのいい教育をしなければ、折角の素質も閉ざされたままで、どんな成長も見せない——そのことも既に分明化されているのです。（50％以上は環境—教育と。）

ところで、その「環境」ですが、世の中は諸行無常、ゆく水の流れの如くといわれるように、寸刻たりと留ってはいません。ここでは劣悪な社会環境の動きをイメージしながらいっているのですが、いまある世間の様子が、子どもたちにとって、好ましくないことは、そのままの事実といってよいと思うのです。さきほどいった、おとな本位の能力万能主義も含めてのこととして。……

そして果たして、「自分」が、そのいわれている養育「環境」として、どんな役割りを演じていることになっているか……果たして「よく生きる」という意味での子どもにとってのいい環境たりえているか⁉　……ここで話は留めておきましょう。これまで話してきたことのなかで、それは言わずもがなのこと、ということになっている、と思われますから……。

＊

最後に私事を一言——わたくしの学校には、方々からさまざまな学生たちが集まってきています。ことしは、一九〇名もの学生が入りました。

しかし、二年・三年の修学の間で、立派に成長し、目的どおりの保育者として巣立っていく。もしそのあいだで、よくないことがあれば、「悪い」のは学生のせいではなくて、教え方が足りない—よくないということでの教師のせい——わたくしたちは、罪を学生になすりつけたりは絶対しないのです。それが鉄則——校長の方針‼

学生の立場に立って、その時々においてしか得られないものをこそ習得させる——言葉を変えていえば、その瞬間瞬間のいのちを、意味のあるものとして精いっぱい生きさせる、ということになると思います。とにかく真心こめて。いつまでも、どこまでも学生を信じて、信じ抜いて……。

どうでしょう。——ということは、初めに脳科学の問題としていったコミュニケーション能力——すなわち相手の立場に立って物事を考える——そのことを身をもって実践する。そうなりませんか。そこでの誠心誠意を学生に感受させ、そこで「最高の知性」といわれるものを身に着けさせる。そのたゆみない繰り返しのなかで、人間を変えていく。わたくしは自分の学校でのことを、そう考えているのです。「教育」というのは、知識を詰め込むことではなく、人を変化させていくことですから。

陰《いん》にこもった、反語的な話をしましたが、これでわたくしの話を終わります。

いまなぜ「躾」か⁉

一　急速な「いのち」や「心」にかんする科学技術（テクノロジー）の発達していくなかで

子どもは、三歳までに殆ど、日常生活をしていくうえでの、必要な言葉《ことば》を身に着けていくといわれていますが、それがどうしてそうなるのか、これまではよく分かっていませんでした。

アメリカの言語学者に、ノーム・チョムスキーという人がいるんですが、彼は、前々から、子どもが言葉を覚えて（獲得して）いくのは、ただ「覚える」ということだけではなしに、覚えることと結びついた言葉の遺伝子的なものが体内に仕組まれているのではないか、と、いわゆる「言語装置説」といわれる考え方を仮説として唱えていたのです。

ところで、そのことがどうも本当らしい、ということがいまだんだん分かってきています。科学的に立証されつつある、ということなんです。

一九九〇年代、すなわち20世紀の末葉から、遺伝子学（分子生物学）が急速に発達しました。その結果、いまいった言語の遺伝子プログラミングについてのことも言われるようになったのです。なお遺伝子学に併せて、現在脳科学がものすごい勢いで展けてきています。21世紀の最先端科学は脳科学だろう、といわれるほどにです。

ここでは、その脳科学についての話をするつもりはありません。しかし遺伝子学でいわれているようなことが、脳科学でもいわれはじめていて、それが、きょうの主題の「躾」の問題とも大いに絡んでいるようなのです。これからの話を進めていくについても、大きな役割りを果たしていく、と思われるのです。

……わたくしが、最近、教育のことについて考えるときによく使う、脳科学者の言説があります。問題解明の糸口にする言葉です。

（3頁8行目～4頁1行目の『脳の中の小さな神々』引用箇所を参照。）

まず、それを読んでみます。

「知性《インテリゼンス（インテレクト）》」を辞書で索《ひ》くとこうでています。

「①頭脳の知的な働き。知覚をもととしてそれを認識にまで作りあげる精神的機能。」（『広辞苑』岩波書店）

要するに、物事を思考・判断するときの、認識につながる心の働き、ということでしょう。そしてその「知性」をどう捉えるかというと、最新鋭の脳科学者である茂木健一郎は、「コミュニケーション能力」だといっているのです。コミュニケーションとは、言葉を中心とした、意志の伝達の仕合いということです。

……AとBが、それぞれの考えや、思いを伝え合う……。と、ここにAという個人、Bという個人の相互的な関係の問題がでてきます。AにとってBは他人、BにとってAは他人――〝お互い〟ということでの「自他関係」が生まれでてくるということです。

……しかし、この極めて単純至極のことが、わたくしたちの日常では忘れられがちになっている。いま世間で起こっている――おかしいとか、狂っているとかといわれている社会現象の大部分は、A・B相互のノーマルな関係性の問題としてではなく、どちらかの一方が、必要以上に突出している、そこでのアンバランスの結果ではないかと思うのです。Aは、Aという自分のことを考えた上で、同時にBもまた自分として在《あ》る、というBの立場をも頭に入れる――その相互性を忘れ去っているのではないか。そこに思いが至っていない、届きえていないから、そのあげくの結果として、世の混乱が起こっている――そう考えていいと思うのです。

……ときに「知性」といわれるとき、現在の脳科学では、相手の胸の内を察する――それを知性の本質だと捉えているのです。そして、物事を判断するとき、その予想がいちばん難しいと。

……いうまでもなく、ここでは「躾《しつけ》」の話をしようとしているのです。「躾」というと、なんとなく「道徳」っぽく聞こえますが、そんなニュアンスのこととしてではなく、それは、科学の粋《すい》といわれる21世紀最先端の脳科学とも結びついているらしい。……それも、人間にとっての「最高の知性」といわれるものとも結びつきながらの――それを解剖学者の養老孟司にいわせると、最後は「教養」の問題だ、ということになるようなのです。教養とは、一言でいうと、精神の豊かさのことです。で、ここでの主題の「躾」は、どうもそのようなハイセンスなこととも深く繋がっているらしく、したがってここでは、話の幅を科学とか知性・教養の問題にまで拡げ、話させていただきたいと思うのです。

わたくしはお配りしてあるプリントのような中身の本を、保育者養成学校向けのテキストとして作っているんですが、これは躾の本というより、躾の背景をなす考え方の本と考えています。躾とは、「躾糸（シツケイト）」という言葉もありますように、ある必要な公共の場にでる——すなわち「社会的人間」としての能力が身につくようにと、そこでの行動の仕方を教える——糸で型が定着するように、崩れることのないように、いわゆるシツケル——まずは型《かた》から入るわけですから、半強制ということになる。ですから、シツケができたら、そのイトはとる!!

「躾」を辞書はこう説いています。「礼儀作法を正しく教えこむこと。または身についた礼儀作法」（『明解国語辞典』）と。……ここでは、礼儀作法に力点をおいていますが、わたくしは、もっと人間の生き方といいますか、それを人生論的に捉えて、広いいのちの問題として捉えたいのです。

『あたりまえのことを
あたりまえに教える教育学』

目　次

エピローグ

三項目の「挨拶の大切さを教える」以降をご覧ください。人間として「意味のある生き方」をするうえでは、欠かしてはならない大切な資質、と思われるようなことばかりでしょう。……そして、それらのことを含みながら、「躾」とは何か、またその躾の「在り方」に話を繋げてみたいと思うのです。

二　乳・幼児期における〈愛〉の大切さ

人間一生の性格形成は、幼児期までに終わる、といわれています。

吉本隆明という世界的な思想家で、しかも人格形成にかんしての第一人者は、最近出した『家族のゆくえ』（光文社、二〇〇六年）という本の「乳幼児期」のところで、こういっています。読んでみます。

性格形成の大部分は幼児期までに終わる

この乳児期でいちばん大切なのは赤ちゃんと母親との関係ということになる。赤ちゃんにとって母親はこの時期、身心ともにその全世界になるからだ。それがよくできていれば――いいかえるなら、母と子との絆《きずな》がしっかりしていれば、深刻な問題は全生涯かけて残らない。

赤ちゃんのときのことだから、もちろん覚えているはずはないが、お母さんのこまやかな愛情といったものは無意識のところにしっかり植え込まれているはずだ。お母さんとの関係は無意識のなかにちゃんと入っている。だから、その時期の母子関係がよかったら、大きくなってからいきなり人を刺すとか小さな子を殺すとか、親を刺し殺すとか、そういう少年少女にはけっしてならない。そう確信して疑わない。

性格形成の大部分は乳児期・幼児期で終わるといっても同じことだ。性格形成の七割から八割まではここで終わると見てよいとおもう。

これを逆にいうと、この乳幼児期に形成された無意識の性格の変更は、まずできないということになる。努めて人為的に直そうとしないかぎり、ひとりでに性格が変ることはないとおもう。


「乳児期」を二歳前後、「幼児期」のばあい五歳前後ということで、考えることにしておきましょう。……基本の性格形成は、その「幼児期」までに決まる‼　その基本の基本に当たるのが、「乳児期」ということになるわけです。ところれは、主として母との関係で、それも母の〈愛〉と結びついてのことになります。そして、その〈愛〉の絆《きずな》をベースに、躾が行なわれていくことになるのです。（幼稚園や保育園での保育者のばあい、母親の代理者ということになります。）

ここで、母親の〈愛〉の大切さについて、脳科学や遺伝子学との結びつきで、少し触れておきます。

さきに引用した脳科学者の茂木健一郎は、『脳と仮想』（新潮社、二〇〇四年）という本で、「幼児の発達過程において、母親を初めとする保護者が、心理的な「安全基地」を提供することが大変重要であるという説を唱えたのは、心理学者のボールビーだった。」と、イギリスの心理学者ボールビー説を援用しながら、つぎのようにいっています。

（……）そもそも、新生児が新奇なものを好む、という実験結果は、たとえば、母親の膝に抱かれているというように、新生児が安心できる状態で得られる。ボールビーが指摘したように、母親という「安全基地」に守られて、初めて新生児は新奇性を探索するようになるのである。

こんな脳科学的な言説を挙げると、きりがないほどです。ほかにもいっぱいあります。それでつづいては、遺伝子学からの母親との愛情関係の問題を、一例だけ挙げておきます。『やわらかな遺伝子』という本（マット・リドレー著、中村桂子・斉藤隆央訳、紀伊國屋書店、二〇〇四年）からです。

> （……）幼いころ母親の愛情を受けないと、ドーパミン系の発達にかかわる遺伝子の発現が変化すると考えれば、恵まれない環境で育った動物がある種の薬物に依存しやすくなるのもわかる。（中略）哺乳類の脳が、その持ち主が子宮にいるあいだと出生後にどんな扱いを受けるかによって、大きく違った発達を遂げ、しかも、その影響が遺伝子を介して現れることが見えてきたのである。

遺伝子学によれば、母の〈愛〉は、遺伝子にも作用するということ——と、母の愛情こそが、乳幼児に対する人格形成上での「安全基地」の役割りを果たしている。これはある意味での驚きです。そしてまた、別の学説によると、〈愛〉の絆で結び合わされている母子関係にあっては、子どももきつい母の叱責を素直に受け入れるということ——それが、きょうの主題の「躾」とも密接に結びついている、ということなんです。

ここで脳の「抑制機能」のことについても簡単に触れておきましょう。

（……）シカゴの精神科医、ヘレン・モリスは、幼い頃にぶたれたり、家族の支えを受けられないと、脳の視床下部――体内のホルモンと感情システムを強力に抑制する部位――の適当な発達が妨げられると主張している。このような欠陥は〝学習〟が不完全なために起こり、幼いうちに衝動に対して感情を抑制する行動様式を学び、定着させていくことができなくなってしまうとモリスは述べている。

（『あなたがキレる瞬間』ニコラス・レグシュ、柏書房、一九九七年）

要約していえば、

・幼い子どもは、ぶったりしないで、愛情いっぱいに育てなければ、脳の発達が妨げられる。
・感情の抑制機能が働かないばかりか、それにまつわる行動様式、社会規範等の社会性を学ぶことができない。

と、いっているんです。

脳科学からの、「躾」についての引用をしようと思えばきりがありません。原始的な「怒り」や「恐れ」といった感情は、大脳からではなく、大脳の内側にある辺縁系と呼ばれているところから出てくる、といわれています。いわゆる「動物の脳」とでもいっていい、極めて原始的な部分での働きとしてです。しかしそれが前頭前野といわれる、いわゆる「人間の脳」へと進化していく。それが新生児のときから働く仕組みになっている。問題は、その仕組みのなかにどう立ち入っていくか――。

ここではわざとそのことについて、理屈っぽい本からの引用をしておきたいと思うのです。脳の「抑制コントロール機能」についてです。『脳と心的世界』（マーク・ソームズ他著、平尾和之訳、星和書店、二〇〇七年七月）という、既に七か国語に翻訳されている、最先端の近刊書からです。

遂行コントロール
前頭前野の成熟のきわめて重要な側面として、脳の内臓的システムによって放出される定型的な運動パターンに対する抑制コントロールが少しずつ発達する、という点があります。前頭前野の発達によって情動性や意識一般に対する抑制コントロールも得られ、そのようにして指向性をもった思考や注意などの基盤が与えられるのです。（後略）

同書には、意識の機能として、「良い」か「悪い」かを知らせる価値意識のことについても触れてありますが、それは乳・幼児のばあい、「快」「不快」の感情と結びついて、展かれていくことになるはずなのです。「ダメ」と叱られて「オギャーと泣く」。そしてそれを記憶に収める――いわばこれは、赤ちゃんへの「躾」ということでしょう。そこで「抑制」という機能が脳に蓄えられていくことになる。そして、前頭前野の成長スパートは、はじめは二歳前後、二回目が五歳ごろ、それが十三歳まで続くといわれているのです。脳科学からすると、「躾」は生まれた瞬間から始まっている、ということ――そして、このことの確認は極めて大切です。

三　「躾」と社会性

ここから直接の「躾」の問題に移ります。

いかつめらしい言い方をすれば、人が生きる、生活していくということのなかには、二つの側面があると思うのです。自分がこうありたい、こうなりたいとねがう「自己実現」と、自分と同じように自己実現に努めている他者との「関係のつくり方」です。この二側面の、いわゆる自他的な関係性のなかで、人は生きている。「個」と「社会」との関係といっても同じです。

岡本夏木という心理学者は、『幼児期』（岩波新書、二〇〇五年）のなかで、いまいう二側面のことに触れてこういっています。

2「自己の実現」と「他者との関与」

生きることの中心課題

そこで、今、なぜ「しつけ」か。これからの子どもが生きてゆくにあたって、しつけがもつ意味は何か。子どもが「生きてゆくこと」の文脈の中にしつけを置いてとらえ直してみたいと思います。

「生きる」ということ、「生活する」ということの中心課題、それは、人間が「自己の実現」と「他者との関与」（コミットメント）という、二つの側面をどう統合して生きるかということにあると思います。人は個として、自分の思うところ、望むところ、信ずるところの達成を目ざして生きようとします。しかし、同時にそれは、ともに生きる人——その人もまた個としての自己を生きている——たちとのかかわりの中で、そしてそのかかわりを少しでもよいものたらしめる方向の中で実現してゆくことが求められます。

ここでいう他者とは、身近な個々の人である場合もあれば、自分の属するさまざまな集団であることもあり、広く社会や文化である場合もあります。発達のレベルや、その時その場の要請によっていろいろの形を取ってくることになります。

いずれにしても、人間は、自分という個としてあるとともに、類としてあります。

人は「個」として生きると同時に、「類」としても生きているのです。わたくしたちは、この厳粛なるいのちの事実を忘れてはいけません‼

自己発見――すなわち自分を発見するといっても、他との相対的な関係においてしか見つけだすことができない、他人がいるから自分がいられる、ということになります。この単純な社会的な公理としての理屈づけが身についていないために、今日の混乱がある、そういいきっていいと思うのです。……というとき、どう他という存在を意識のなかに入れるか……他が三人以上集まった人の集合を「社会」というのでしょう。と、そこには当然のこととして、相互の通りをよくするための「社会道徳」なるものが生まれでる。要するに、人と集《つど》い合って生きる、というとき、他への慮《おもんぱか》り、そしてそのことの内容として含まれる、礼儀作法のこと等をも加えた行動の仕方のことを、「躾」というのだと思うのです。その「躾」を、人間形成―性格形成の整う「幼児期」までに、いわゆるシツケル、しっかり身に着けさせる――。それができていないで、我が侭勝手の自己中心的な行動しかとれないから、成長していろいろな問題を惹き起している！

戦後60年のいちばんの大きな教育の過ちは、自分本位の人間を育て、他を省みない慮《おもんぱか》りのない偏頗人間《へんぱにんげん》をつくりだしてしまった、ということです。しかもそれが、「個性の尊重」とか「個の伸長」とかと、まことしやかに言われ、オブラートに包《くる》まれているので、肝心要《かなめ》の、生―生活の本質が見えにくくなっている。いやとり逃がす、という教育的な社会現象が起っているのです。

考えてもみてください‼

「自分らしさ」とか「自分探し」とかという、自分だけにスポットを当てて、それらしい生の探求をする、いやしているつもりになる。そして「食」の厳しさを欠いた格好《（かっこ）》よさの浮かれ気分で、物事を考え、周りを見るので、社会の全体が見えてこない。そんな間《あいだ》で、確たるものの分としての「自己」を捉えきれないで、いつまでもウロウロ、ヨタヨタ、いわゆる「個」ばっかりを突出させすぎて、結果として非社会的な行動を惹き起すことになる。――その勝手気侭さに、世の中じゅうが振り回されている、というわけなのです。

四　本当の「躾」とは⁉

……ではどうするか、どう「躾」をしていくか――これから、それを考えていくことにしましょう。しかし、そうはいっても、おいそれというのか、闇雲というのか、思いついたから、すぐそれができるということにはならない。欠かすべからざる、前提条件が整っていなければ。そしてそれは〈愛〉です。〈愛〉のないところでの「躾」は成り立たない……。これは至極当たりまえのことで、それが当然過ぎるが故に、忘れられているということがある。親子の関係ではない、教育の場を思い出してくだされば、このことの原理・原則は、そのままご理解いただけると思うのです。〈愛〉と「規則」とはワンセット――これが鉄則《セオリー》――。「躾」は、自分を相手が愛してくれている、という相思相愛の思いがあってこそ初めて成り立つ――それが「躾」というときの本質‼　さっきいった「どんな厳しさでも、本当に自分を愛してくれている愛の行為としてなら受け入れる」、というのは、その意味での受容行為、ないしは心情をベースにしてのことなのです。胎児期から乳・幼児期の子どもの無意識・意識に、母親の〈愛〉が刷り込まれる（インプリンティングされる）。……家庭のなかでの子育ては、これで十分といっていいほどなのですが、子どもは同時に、社会的動物としての「社会の子」でもあります。……というとき、目に入れても痛くない最愛のわが子を躾《しつ》ける――先にいった「他者との関係のつくりかた」を身に着けさせる――そうなります。しかしそうなるまえに、ある別の一つの条件としての留保があります。「見守る」ということです。

躾に向けて、子どもが一つの行為をなそうとするとき、自分を愛してくれている者が見守ってくれている、いわゆるその庇護のもとであれば、それを「安全地帯」と心得、そこでの安心感の上に乗って目的に向かっての行為を成し遂げる。民俗学者の柳田国男にいわせれば「軒遊び」ということになります。この「見守る」という〈愛〉の付属行為を、おとなたちは忘れてはならない。既にこのことは、脳科学においても実証されていて、暖かい母親の膝の上で、しかも柔らかな眼差しで見守られているとき、子どもの脳は安定し、賦活《ふかつ》している。――すなわち活発に働いて、新奇な周囲の世界への興味を示している――裏返せばそれは、〈愛〉がなければ脳も働かないということ、そこからはどんな新しい脳回路の循環―開発も望めない――わたくしが、きょうここでの話を、「道徳論」ではなく、脳科学的な知見などを取り入れてしているのは、そんな意味からなのです。

……以上、右に述べた二つの条件がしっかり整っていることが、「躾」という名の「教育」の前提になる‼

ここまで話が整ったところで、躾にかかわる内容的なことにも、少し触れておきましょう。

• ルール――とは、人と人との間での社会的な約束ごとです。
• マナー――これは「テーブルマナー」という言葉に象徴されるように、礼儀作法的な態度、といっていいと思います。
• エチケット――というばあいは、マナーに準ずると考えていいでしょう。心掛けといった精神態度に比重をおいての。
• モラル――これは極めつけです、人と人との間での精神的な繋がりのパイプをよくする――滑らかにするための規範、といえば、いちばん当たり障わりがないと思います。「天が見ている」といえば、人の道（人倫）ということになりますし、それは宗教とも隣り合わせの精神性といってよいようなものをも含んでいます。中国の古典『孟子』（尽心上）では「仰《あお》いで天に愧じず、俯《ふ》して人に怍《は》じず」といっていますが。

躾は全て、右―四つの内容事項のなかに包含されていると思っていいのですが、要は、他人のことをしっかり頭において行動する、ということ、それを理屈の領分を超えて、「型」として身に着けさせる。言葉を変えていえば、血肉化させる‼「よりよく生きる」という人生への意味の与え方、すなわち「自己実現」ということでいえば、他人のためにいかに生き得るか――終局他のために己れのいのちを投げ打つ、となれば、それは最高の美徳ということにさえなります。（これは、成人してからのこと、ということになりますが。）「自己実現」も最後は「他との関与」と結びつく――この人が生きていくことの原理・原則を忘れたり、誤ったりしてはいけないということ――これが結論です。

五　まとめとして
――「意味を生きる」

わたくしは二〇〇六年の七月、『霜山徳爾の世界――ある心理学者にかんする私的考察』（学樹書院）という本をつくりました。

さっき引例しました、岡本夏木の『幼児期――子どもは世界をどうつかむか』にも、「生きることの意味」として、「人は意味を生きます。知識によって生きるのではありません。また意味を拠りどころとして生きます。」と書いてありますが、わたくしのつくった「徳爾論」を要約していいますと、「意味のある生き方をする――人生に意味を見出して『生き甲斐』を感じながら、いのちの限りを尽して生きる。自分のためだけで生きている人生なんて、人生のうちには入らない。他のために己れを捨ててこそ、まともな生といえる」――そういっているんです。わが国の臨床心理学の最高権威者が、ひたすら、人生においての意味を問いつづける——その至高ともいえる、人間としての生《い》き態《ざま》を書きだした、といっていいのです。

……そしてわたくしは、保育者養成学校での自分の仕事がらとの繋がりもあって、「幼児教育」を、そのいう「人生の意味」をも指標において捉えていきたい。きょうの主題の「躾」をも、そこに位置づけて考え、行なっていきたい——そう思っているのです。

　初めに紹介しました、わたくしの新刊本（『あたりまえのことをあたりまえに教える教育学』）との結びつきでいえば——「13」には、「きまり」のことにしぼって書いてあります。「ルール」についてです。「3」の挨拶とは「モラル」「マナー」「エチケット」。「15」は「真心」について。「16」の「信じ合い」は「モラル」です。……そしてそれらは、人の生きている実生活のなかでは混り合っています。……そうなりますと、もうこの『幼児期』の帯のキャッチフレーズに書いてありますように、「躾」は、徳性の問題を超えて「人間」総体の問題になる！「この時期にこそ、子どもは『人間』を学ぶ」とは至言です。

　初めに還って、率直簡明《そっちょくせんめい》に申しますと、「躾」とは、人と人とのコミュニケーション行為における、心《こころ》と行《おこ》ないの両面にわたる行動規準、ということになります。相手の胸の内を察するという「最高の知性」を働かせての。わたくしの本の「7」の「謙虚」、「8」の「感謝」、ちょっと戻って「5」の「他人がいるからこその『個性』であることを教える——自己同一性《アイデンティティー》とは何か」などは、まさしくそれに当たるのではないでしょうか。

　わたくしがつくった、この二冊の本は、直接、幼児教育について書いた本ではありません。が、根本的なところでは、その支えになっていると思います。「よりよく生きる」ことが、わたくしたちの人生の目的ですから。

　きょうは「躾」について、あまり人のいわない、別の視点から話させていただきました。

戦後は、占領政策によって「公《おおやけ》」を捨て去り「個《こ》」だけを強調させられた。いまその60年前のつけを負って、日本社会も、また教育もがあり、混乱しているということです。……こんなことをいっていると話は尽きません。

「聖心学園」における幼児の教育―保育とは

一　手抜きをしないで、手間隙《てまひま》かけて

皆さん今日は。日頃の勤務ご苦労様です。（わたくしどもの学校〔東京保育専門学校〕の卒業式も立派にできました。）園長先生を初めとして先生方皆さんが、一生懸命頑張ってくださっているお蔭で、両幼稚園（聖心・サンタセシリア）とも、今年度（平成20年度）の園児募集では、定員を大幅に上回る応募がありました。嬉しい限りです。理事会としましても厚く御礼申し上げます。

……しかし夢安閑とはしていられません。いつなんどき、どんなことが起こるかもしれないからです。総理府は、平成19年度の出生率が、又、前年度より落ちたことを報告しています。幼稚園にとっての赤信号は、今後もずっと、灯りつづけると思います。そんななかで、私立の幼稚園はセレクトされる。いつ倒産してもおかしくない、という厳しい社会情況のなかにおかれている、と考えたほうがいいからです。

そんな間《あいだ》で、やはり一番大切なのは、教育・保育の中身、それに伴っての保護者からの信用―信頼です。教育の基本は、人と人との信頼関係だからです。世の中がどう変ろうと、この基本が揺らぐことは絶対ありません。その意味からは、定員確保の人集め対策など、二の次、三の次ということになるのです。

わかりやすくいうと――

•手抜きをしないで、
•手間隙《てまひま》かけて、
•力の限りを尽して「子ども」たちのために頑張る――これよりないのです。

以下、そのことを心に留め、日常の具体的なことがらにも触れながら、話をすすめていくことにします。

二　子どもの命を大切にすることとは？

皆さん、昨年の七月、北九州市の無認可保育園で起った、送迎バス内での園児置き去り熱射病事件を、憶《おぼ》えておられますか。

この2月20日の「読売新聞」夕刊によると、「元園長ら書類送検」ということで、保育士4名も何等かの処罰を受けることになるようです。

皆さんは、保護者からお預りしている大切な子どもの命を滅《ほろぼ》した、ということの事実を、どのようにお受けとりですか。

結論から先にいえば、事《こと》の次第のミスは極めて初歩的。……それができていない!!

•まず、園児たちとの対応のマニュアルができていない。
•（マニュアルができていないわけですから）具体的な行動の仕方の、システムも整っていない、ことになります。（園児のバス送迎のばあい、「園児○名確認完了」「了解――再度確認、異常なし」「了解」というような。）

こんな掛け声の掛け合い、それに伴っての指呼確認的動作。……そして、それらの結果を、いつ、だれが、どのように園長に報告するかについても、きちんとしたマニュアル——システムとして定められていなければならないはずなのです。このような一つ一つの、なんでもないようなことこそが、子どもの命を大切にする、ということだと思うのです。

いってみてわたくしは、この「中井保育園」事件は、当園のみならず、その他一般の保育園への不信感をも募らせていることになる、と思っています。極めて残念なことです。

三　一にも二にも「信頼」が大事

わたくしは、東京保育専門学校の校報・研究のための機関紙（第671号、平成20年1月号）に「教育とは『全人教育』であることを教える——幼稚園の発表会にこと寄せて——『学力向上論』を否定する」（50頁参照）と題する教育エッセイを書いています。

いうまでもなく自校の、保育者を目指す学生たちへの訴え掛けとしてなのですが、それに併せて、付属する両幼稚園の保護者の方々への〝自己アピール〟をも兼ねさせてのこととしてなのです。「わたくしたちの学園では、両幼稚園においても、こうやって園児たちの教育—保育に当たっています。」と。理事としての筆者（畑島）がそれを見届け、そのことについてはこれこれの見識を持っている、という、説得力を伴わせながらの学園としての姿勢《スタンス》の明示——理事会では、在るべき正しい教育の姿を見極め、そのうえに立ってお子様の指導—支援に当たっている、という信頼確保のための了解要請行為としての。

話は変わりますが、わたくしは来るこの四月の発刊予定で『いま日本の教育を考えるⅡ』（リトル・ガリヴァー社、二〇〇八年四月）として「いじめの総集篇」とでもいうべき本を作っています。

そしてそのために資料として、たくさんの本を読みました。そこでのことを、きょうここでの幼稚園の先生方との話に繋げていいますと、いま全国方々での幼稚園では、「イチャモン」といわれる保護者からの無理難題要求に困り抜いているということ。たとえば——

保育園の園長さんからは、こんな話も聞かされました。

「ある父親から、ウチの子は「箱入り娘」で育てたいから、だれともケンカさせるな！　そういうことを保証する念書を、園長が書いて渡せ！　と迫られました。ある子どもの麻疹《はしか》が治って、医者の許可も出て登園しようとしたら、ウチの子たちにうつったら困るから、休むように園のほうから言ってほしい、と保護者が集団で訴えてきました」と。

わが子への過剰なまでもの愛情のあらわれなのでしょうが、手前勝手な理屈による要求はふえてきています。

これは、大阪大学大学院教授、小野田正利の『悲鳴をあげる学校』（旬報社、二〇〇六年）という本にでてくる、ある保育園での事例ですが、いま、「イチャモン」で、全国の小・中学校を初めとする幼稚園・保育園を含めての、教育—保育機関が困り抜いている。

……皆さんだったら、こんな常識では考えられないような保護者からの無理難題要求に対してどう対処なさいます？

その対応策はひとまずおいて、幸いわたくしたちの幼稚園では、そんなことは起っていません。

なぜでしょう⁉

わたくしは、自分の子どもの通っている幼稚園への信頼だと思うのです。長い間積み重ねられてきた信頼関係の結果だと思うのです。園長先生初め、先生方が、子どもたちのために一生懸命、力を尽してくださっていることへの信頼と安心——それへの感謝の表われの結果としてだと思うのです。〝世間—世俗〟といわれる間《あいだ》でのことですから、一人や二人の物分かりの悪い方は当然のようにいます。しかしそれを抑《おさ》えているのは、園への絶対的な信頼、という周り全体の雰囲気ではないかと思うのです。それを皆さんが、生みださしめている！

四　一人の子どものために、教師全員で〝総合点〟をあげる

学生や保護者との関係ということでいえば、わたくしたちの専門学校でも、いろいろあります。

……あるときにおける、あるまじき学生の行為に対して、担任が、体を震わせ涙を流して叱る。教務主任がそれを支える。さらに校長がそれを見守っている。

そのことに対して保護者が抗議に来る。「校長を出せ‼」と。

細かな経過は割愛しますが、わたくしはこういったのです。

——わたくしに、「教育者」としての本当の力があれば、こんなことにはならなかったのです。全ては、わたくしの力不足のせいです。率直にお詫びいたします。お許しください。

そしてさらにこう言いました。

——ただしわたくしは、いつもいつもといっていいほど、あなたのお嬢さんのことは思っていました。思い続けていました。おそらく、あなたのお嬢さんが、これまでに会ってきた、数多くのどんな先生よりも

……。それは担任も同じです。このことだけは信じてください。

これは教育者としての、わたくしの自負です。……数多くの一般教師たちは、この手の、問題のある子ども（学生）には手を出さない。見て見ぬふり、障《さわ》らぬ神に祟《たた》りなし、の不干渉をきめこんで。だから子どもは、恐られたこともなければ、また反対に情けをかけられたこともない。要するに、厄介者には余分な手出しはしない。自分からすすんで傷つきたくないから。……長い教職を経ての直感から、わたくしは問題の学生をそう見ていたのです。ですから、これまでにも、ことあるごとに声をかけつづけてきていた。担任もまた同じように。だから担任は、体を震わせ、涙を流して叱責した……。

ここでわたくしがなにをいいたいのか——心に留めて、ぜひしっかりと聞いてほしい。

• 困ったときには、一人の先生を孤立させないで、みんなでスクラムを組んで支え合う。
• 責任のなすり合いや、我れ関せず焉《えん》の不干渉主義はダメ。園長がその範を示す。
• そんな相互の関係の間で、園長を初めとする職員の和と信頼関係が生まれいで、ひいてはそれが、子どもにまた保護者へと波及する。その実践をみんなで創り出す。

自分一人で〝いい子〟になったり、得点をあげようと思ったりしてはダメなのです。子どもたちのために、おとなみんなの力を合わせて尽し抜く。そう思って頑張っていれば、それは人の目にも自ずから映り、心にも乗り移っていく。間違いなく、子どもや保護者の〈魂〉にも響いているはずなのです。

さらに重ねていうなら、わたくしが「児童研究」に、自己宣伝的な文章を理屈っぽく書いたりしたのは、「両幼稚園の先生方は、こんなにも一生懸命子どもたちのために頑張っていて、そこでの教育の確かさを理事としてもしっかり見取っている——そのことを言いたかったからなのです。その結果に併せて、両幼稚園への信頼を請い願いながらの……。

サンタセシリア幼稚園の玄関には、わたくしの書いた言葉の額が掲げてあります。

　なにがどうだったかではなく、子どもたちがどうだったかである。

これはわたくしが、校長として自分の学校のこととして思っていることと同じです。「子ども」を「学生」に描き変えればいい。右や左は見ない。真直ぐ、子ども（学生）だけを直視する。周りが混乱に陥っているようなときにはとりわけ、ここでいう心掛けが必要―不可欠になっているということなのです。自分の擁護に捉われて、肝心の目的対象を忘れ去る。子ども（学生）を取り落とす。これではいけない！

子どもは園のためにあるのではないのです。園が子どものためにある。この論理を窮極として弁えていれば、「園のために」を大義名分にしての、自分へのごまかしが効かなくなる。自分で自分の我欲を封じ込めてしまうのです。「得点」は、自分一人でではなく、「みんな」で取る‼　〝総合点〟として取るもの‼

五　「子どもの目線に立つ」という言葉に触れて
——教育は「贈与」であるということ

わたくしが最近読んだ、ある企業家（セブン・イレブンの創始者）の本のなかで、こんな言葉が強く印象に残りました。

それでもあなたの仕事は、仕事といえますか

社長からの社員への厳しい〝叱問《しつもん》〟です。

皆さんのばあいどうでしょう？

そこでわたくしは、そのことと関連して、皆さんたち保育者の間で、きまり文句のように言われる「子どもの目線に立つ」ということについて考えてみたいと思うのです。最後は「教育の機能」とは何かについて、極めて専門的に。

わたくしは自分の学校でも、教師である自分と学生とは、人格的には対等だと思っています。それを基本にして、教える者と教えられる者との関係にある、と。対等ではあるが子弟である――そこでの適正距離《プロパーディスタンス》――すなわち相互の関係の間《あいだ》にあっての「間《ま》」と呼ばれるものは極めて大切。この「教育」というときにおいての、人間関係の機微を忘れたり、見誤ったりしてはいけない、ということなのです。反語的に分かり易くいうと、教師と学生〈子ども〉とのフレンドリーは否《ノン》、ということになります。それは親・子のばあいも同じ。親の子どもへの〈愛〉は、サービスではなく贈与ですから。ひたすらなる〈愛〉といわれる言葉のままの一方通行、すなわち見返りを求めない「無償の愛」といわれるものなのですから。

教育・保育のばあいもそれと通じているのです。教師・保育者は親の代行者。ですから〈愛〉をバックにして、子ども（学生）を引き上げる。目指されている目的・目標に向かって。あえて相違をいえば、家族が「自然性の論理」であるのに対して、幼稚園や学校のばあい「企図性の論理」ということになりますが。

ここで、話を分かり易くするために、小・中学校での「義務教育」を中心に考えてみることにします。

近代国家においては、国家にとっての必要な国民的資質の意味で、それを身に着けることを求めています。義務として。したがってその保証をもする。人格形成を目指しての知識・態度・技能の基準が「学習指導要領」によって明示され、それに則《のっと》って、日々の教育活動—学習が積み重ねられていくことになるのです。(幼稚園のばあいも「幼稚園教育要領」が定められており、ですから、義務教育に準ずるものでありながら、私立にあっても、補助金が支払われているのです。)

そしてその教育を図式化すると、つぎのようになります。

教育
指導《ガイダンス》(学習指導・生活指導)
援助《サポート》(子どもたちの情緒の安定を促したり、人間関係を育成する)

ガイダンスの系列が、教科・道徳、また学習規律を含めた規範意識にかかわる公的な社会性の育成に相当するのだと思います。ルールに則っての学習的要素ということでしょうか。

サポートの系列は、学級(学校)集団づくり、すなわち友だちづくりを初めとする人間関係づくり——そのための支援、見守り、導きです。いわゆるリレイション機能へのサポートです。

そしてこれらは、単なるサービスとして行なわれるのではなく、コントロール機能として働く性質のものであるということ、このことを押さえておくことが大切なのです。いわゆる統制です。自立者として国民的資質を身に着けさせるために、国家が基準になる目標を定め、一定の水準にまで引き上げる。国語が好き、算数が嫌いという個人の好みによってではなく、強制を伴いながら学習させる。援助《サポート》という意味では、当然のようにサービスも含まれてはいますが、消費としての選択《セレクト》とは本質を異にする。半強制とでもいえばいいのでしょうか。あくまでも、国家の求めるコントロール機能のなかにある、ということなのです。したがって、どんな山奥の子どもであろうと、教育を享《う》ける権利を保持しており、親権者はその義務を負っている。私立学校も、学校選択の分を除いて、基本的には同じで、幼稚園教育も、それを「教育」というときには、「義務教育」に準じていることになります。塾での指導が、国家の統制と関係なく行なわれるのは、あくまでの消費者のニーズに応じてのサービスの提供ということで、消費者は自分の好みに応じての学びの場所を選び、自らの自由意志によって、どのようなセレクトの変更もできることになるわけなのです。これは、支払った代償としてのサービスの要求であり、原理的には、サービスを売る者と買う者との商取り引き、経済原則としての市場原理的にいえばそうなります。「サービス」と「コントロール」の機能の違いを考える、これが基本の理論なのです。

　サービスは商取り引きであるが、コントロールは贈与、すなわち与えられるもの。さらにそれを遡ると、親権者の行なう「無償の〈愛〉」にまで通じる。そのことを含むあてがい行為としての一方性ということからすれば、……そうであるが故のそこでの教育行為は、最高の適正・的確性を具備していなければならないことになる。相手が選べない、ということへのそれが最低の供与者に課された義務、ということになるからなのです。

　もっと分かり易くいうと、

- 福祉はサービス。
- 教育はコントロール。

……というとき「子どもの目線に立つ」ということを、この教育の論理にあてはめるとどうなるか？

まえに「イチャモン」の話をしました。また小学校では、「なんでボクたち勉強しなければならないの?」という子どもからの質問がある、という話を聞きます。これはいずれも、消費者——すなわち金を出してサービスを買う者としての発想なのです。

- 子どもが消費者感覚に馴らされて、思いのままの我が侭勝手な行動をとる。
- 親は、金を支払っていることを盾《たて》にとって、それに見合う、見返りとしてのサービスを求める。〈求めの変型としての「イチャモン」をつける。〉

「贈与」である教育を、「消費」として捉えている結果です。

余談になりますが、皆さんの「免許制の更新」にかかわっていえば、国家（教育再生会議）が、いまいったことを間違って捉えているからです。だから困る。一連の教育改革の基本になっている考えかたは、アメリカニズムのグローバリゼイションです。市場原理を基軸とする競争・効率主義。数値の結果を全てとする、経済原則の、教育への適用なのです。「学校選択制」「バウチャー制度の導入」とは、保護者という名の教育消費者による学校の選択で、そこでの子どもの集まり具合いで予算を配分するという。消費者経済とは、商品（価値）を間においての売り手と買い手との商取り引きのことですから、サービス価値がそこでの絶対になる。しかし教育は違う。サービスの側面があることはそのままですが、教育が福祉とも異なるのは、さきからいうように、国家の要請に基づいての統制機能を本質としている、ということがあるからなのです。「義務教育」というとき、とりわけそれは国家（国民）からの贈与で、消費としての取り引き関係ではない、ということ。さらにいえば、教育とは、「子ども」といういのちとしての絶対的価値を、自立的な全人格性の完成を目指して、指導・援助する。（先ほど示した図式の通りです。）そのように、教育の基本を取り違えていて、そのくせして、「教師」に対しては取り締まり、

すなわち強権的な統制管理をする、というのだから困る。「愛国心」「学力向上」「規範意識の徹底化」を大義名分に、

①教員免許更新制
②学校選択制
③学校評価制度
④教育バウチャー制度
⑤チャーター・スクール（地域運営学校）

などの導入を企《たくら》む。（「中央公論」二〇〇七年十一月号、内閣官房副長官、下村博文談話――より）なお、「教育3法案」といわれる教育関係法案をそれに重ね合わせて。（以下、二〇〇七年六月二〇日、「読売新聞」の二面トップ記事）

教育3法案は、①義務教育の目標に「公共の精神」などを盛り込み、副校長や主幹教諭などを新設する「学校教育法改正案」②文部科学相に教育委員会への指示・是正要求権を与える「地方教育行政法改正案」③教員免許に有効期間10年の更新制を導入し、指導が不適切な教員への人事管理を徹底する「教員免許法等改正案」――の3法案。

右二つのことがらのなかに含まれる内容は、全て統制的な権力の強化です。対社会に向けては、市場原理的な消費者《サービス》感覚を煽り立てながら、もう一方では国家（政治）権力としての統制によって教師を縛りあげる。言《い》っていることと為《し》ていることとの内部矛盾、でなければ、教育を識らない者の行なう無謀な強権政治といっていいものなのです。なおそれが、大衆迎合のポピュリズムであるだけ、いっそう性質《たち》が悪い。

教育が国家による贈与、すなわち統制《コントロール》機能だからこそ、私立学校にもまた幼稚園にも補助金を出しているのでしょう。だから学校—教師たちは、「指導要領」を順守している。こんなことをいっていても仕方がありません。で、止めますが、「教育は、国家百年の計」といいます。政治や経済の破綻の取り繕いはできても、教育がいったん壊れると、なかなかその立て直しは難しい。東京ではいま、校長、教頭の管理職のなりてがなくなったといわれています。それどころか、やがては教師の希望者がなくなることだって予測されはじめている。免許の更新どころではないのです。だからこそ、「国家百年の計」を樹てるつもりで、慎重にことに当たらなければならない。そしてそのことの指標はあくまでも、どこまでも「子ども」。そしてそれを取り行なうのは「教師」である、ということなのです。

六　子どもを手段にするのではなく、目的にする

教育が統制機能であれば、逆にその分サービスに徹する。この二律背反的な矛盾律こそが、教育の鉄則《セオリー》（理論）なのです。統制だからお上《かみ》意識で、対象への思いやりを欠く。そのような近代教育の非がまだ依然として残っており、それに戦後の悪平等主義の権利意識が重なって現在に至っている。それを、ときの行政者が誇大視して捉え、拙速としかいいようのない強権的教育改革として、為《な》そうとする。安倍内閣での教育再生会議とは、そういうことだと思うのです。したがって、それらの過ち、誤りは論外。そこで話を、自分たちのこと——正統さのほうに戻します。

わたくしは、最近作った『あたりまえのことをあたりまえに行なう学校経営学』（学樹書院、二〇〇七年十二月）という本で、その帯の言葉として、つぎのように述べています。

学校のために学生があるのではなく、学生のために学校がある、ということ。このことの正統を貫き通すことこそが、学校救済の最後の決め手になる。

この論理の噛み分けは極めて大切。そうすることで、自分自身の教育に対する考え方―姿勢―態度の曖昧さを、全て封じ込んでしまうことができるからです。

子ども―学生がいなければ教育はできない。幼稚園から専門学校を含む大学まで、いま人集めは大変です。どんな高い教育理念を掲げていても、目的対象の子ども―学生がいなければ教育はできない。私立にあっては、それはもう死活問題なのです。……ときに公立のばあい、そこでの保証は確保されている。「贈与」機能として。だから教師たちが定員確保に奔走したりすることはない。であれば、逆にその分の安暢《あんのん》さを、教師としての自己の刺激剤にしなければならないことになっているはず。ここが肝心!!

わたくしたちのばあい、初めから私立の保育専門学校であり、幼稚園なわけですから、人集めに対する厳しさは付き纏っているのですが、でありながらなお、ついつい、「教える」側という〝強者〟の性格上、標題でいう目的―手段論の意味を忘れてしまう(しまいがちになる)。それではいけないのです。……ではどうすればいいか。目的の子どもから見上げられるような立派な教育をする。学ぶとは倣《まね》ぶ、すなわち模倣すること。先生の立派さを自ずからのように学ぶ、学びとる。そこには畏敬の思いが隠されていて尊敬―敬慕の眼差しで先生を見上げる。いわゆる、言うところの人間関係づくりにかかわっての「適正距離《プロパーディスタンス》」が常に保持され、師弟の精神の融合――〈魂〉の共振が果たされる。そのときの教師の〈魂〉といわれるものの本性は、目的対象に対する〈愛〉と〈誠〉(真心)――子ども(学生)のために尽し抜く、という〈誠意〉のことなのです。

わたくしが、東京保育専門学校の校長として学びとった「指導の原理」とでもいうべきものは六つあります。

- 自分（学生）を見下げている者（教師）の言うことは聞かない。
- 足らざるは教え導く。それを、あたりまえのこととし、あたりまえのように行なう。
- 真心は必ず通ずる——信には信を以ってする——そう思っている自分を信じる。
- 難しいことを易しく言うことのなかで、より高い次元の真実を見つけ出す。
- 全てにわたって〝全力投球〟で。
- 最後に心すべきは、何ごとも他人のせいにするのではなく、自らのこととして真摯に受け取り、考える。

これらのことについての詳細は全て省略しますが、わたくしは、さきほどの『……学校経営学』の本にこう書いていています。

「学生を否定の対象にしてはいけません。教育の対象にするのです。」と。

学生が教師にとっての否定的な要素を持っているのは否めません、事実です。であれば、その事実《じじつ》を教育《きょういく》の出発点にする。

まずその筋道を図示してみます。

- 事実を確かめる。

⇩

- そこでの事実を分析する。

⇩

・方法―施策―方策を考える。

⇩

・実行に移す。（適正・的確に）

なすべきことは極めて簡単明瞭です。単純至極といってもよいでしょう。しかし、それをやらないで、目のまえの事実をただ否定の対象にしてしまう。これではいけない。怠慢以外の何者でもありません。知恵と才覚どころか、そのかけらですらない。間違っていれば教える。足りないのであれば補ってやる。

ここではもう教育の本質を超えて、具体的な方法論にも足を踏み入れていることになります。そこでの考え方の単純化作用としての――。

そこでつづいては、さきほどの学生から学んだ六つ目の原理を導きにして、きょうの話の結論に入りたいと思います。

七　まとめとして

――中身で勝負！

また先ほどの『……学校経営学』からの引用です。読んでみます。

くりかえしいいますが、いま学生が集まりにくくなっているのは確かです。しかしそれを他人《ひと》のせいにしてはいけない。自分自身のこととして主体的に受けとめる。（こんなときにこそ主体ということばを使うのです。）端的にいうと、それはつぎの二点に絞っていうことができると思います。

• 一つは、応募数の集まりがよくないことを、時代状況的な社会のせいにしてはいけない。

• 二つ目は、応募数の結果の減少を、集め方のレベルに引き下げて考えてはいけない。（テクニックの問題として捉えてはいけない。）

一点目の18歳人口の減少、大学・短大の保育科の増・新設、全入、ひいては〝青田買い〟は、大きなマイナス要因ではありますが、それに呑まれてはいけない。むしろ、それを当然事《とうぜんじ》として、そのこと自体についても細密な分析を行ない、なおそのうえに立ってそれを凌《しの》ぐ戦術・戦略を考え出す。

二点目についてはわざと反語的にいってみます。集めかたの方法のまえに、教育の中身の埋めかたがある――と、まず考える。そこを全ての出発点にする。その埋めかたについては、これまでにもいってきていますので、詳細は省きますが、最後は「中身で勝負」ということになると思うのです。自分自身の教育姿勢の問題として、そこに方策・方法―戦術・戦略の全てを絞り込む。

これはわたくしたちの学校の、定員確保に対する対応策ですが、本旨としては、幼稚園にもそっくりあてはまると思うのです。一言でいえば「中身で勝負」ということ‼

ここで話を、わたくしが「児童研究」に書いた両幼稚園の音楽会・発表会のことに還します。

わたくしは、あそこでの文章を、わが両幼稚園の自己アピールのために書いたのですが、保護者の皆さんは、まだ納得し切っていないと思うのです。それだけ世間一般の「お受験」指向は強い。「学歴信仰」の壁を破るのは、並大抵ではないということなのです。

……で、同じ「児童研究」のつづきの原稿として、子どもにとっての「遊び」の大切さを、極めて理論的に書いてみました。「子どもにとっての、遊ぶことの大切さを考える」と題して（58頁参照）。それもわたしの主張―考え方では説得力が足りないと思われるので、世界最先端の脳科学者、またわが国最高の思想家で、しかも子どもの心的発達の第一人者、さらには運動生理学者による身体感覚と脳発達の側面から、と。さまざまな論を借りて。遊ぶことを伴ってしか、脳も人格性もが正常な発達を遂げ得ない、そのことを、最高の〝知性〟の口を通して語ってもらったのです。

学園の理事であるわたくしの責務は、園自体の質を高め、園の存続を可能にすることに併せて、自園の先生たちの正統な教育―保育の成し遂げかたを見守る、ということです。

冒頭申し上げたように、わたくしは両園の先生方の立派さを誇りに思っています。そして子どもたちに向けての、なおいっそうの精進を信じています。その一つの後ろ盾の役が、「児童研究」の原稿ということになるのですが、最後にお願いしたいのは、そんなわたくしなどのことも忘れて、ひたすら子どもたちのためにお尽しいただきたい、ということ。いいたいことは、ただそれだけです。

よろしくお願いします。

頑張ってください。

教育とは「全人教育」である
——幼稚園の発表会にことよせて

一　教育の力って凄《すご》い！

いま「学力」問題が喧《かまびす》しく論議されています。いや「学力向上」が、世の大勢を占めつつある、といったほうが正確なのかもしれません。

しかし、そこでの賛成論議は間違いです。学力の向上そのものは望ましくても。

わたくしは、自分の学校に付属している幼稚園での「音楽会」や「発表会」を観て、そのことを強く感じました。

——教育の力って凄いなあ

というのが、まずは最初の感想です。とりわけ年少三歳児の演技を観ての。入園してまだ九か月しか経っていないのです。教える先生も大変なら、教わる子どもたちも大変。でも、教えれば、仲間と混じって、三歳の子どもたちにも、きちんとしたねらい通りの演技が立派にできる——。

・先生たちの教える力
・子どもたちの、育つ力をベースにしての習得力

その複合としての「教育力」を観て、わたくしは思ったのです。

——果たして、ここでどんな力が育っているのだろうか——子どもたちの身に着いているのだろうか。

と。

発表会ですから、表現力にかかる演技上での上達ということは、いうまでもないことです。そのことはひとまずおいて、そのほかにどんな力が身に着いていくのだろうか――。

- 一生懸命さ、真剣さです。（子どもたちの眼を見ていれば分かります。）
- 一つのことに神経を集めるという集中力です。緊張感もそれに加わります。
- 上手になりたい、という向上心の燃えたち。
- それに併せての辛抱、我慢強さの忍耐力。
- みんなで力を合わせて、いっしょにやりとげるという、相互的な共同性への自覚。
- 発表することの歓びのなかでの、立派に一つのことを成し遂げ得たという、達成感・成就感・満足感の感知。
- そしてそれらを、みんなといっしょにやれた、やりとげ得たことへの共同―共生感的な歓びと、その分かち合いです。（ここで友情が生まれでることになります。）……と、そこには、いま巷《ちまた》で関心の「学力」は含まれているのでしょうか。分かり易くいうと、

〝1＋1＝2〟

というような。……そんなものはどこにも入っていません。

それも大切‼　生きていくうえでの知的な意味での「基礎学力」という名の、大事な基本のなかの基本なのですから。しかも、重要な「教育」の中身の一つ‼　ですけれども、発表会のなかには、そんなものは入っていない。しかし、さっきいった、発表会で得られる力も確かな教育の中身のはず‼　……となにもかにも、みんな大切―大事――欠かしてはならない、ということになる――。

ここで話を幼稚園から小学校に移し変えてみます。小学校での教育のメインには、

〝1＋1＝2〟

というような知的な学習が登場してくるからです。（そこが幼稚園と学校の違い。〝お受験〟幼稚園など、ありはしますがこれは論外。）

そしていま巷間での「学力向上」論議では、その

〝1＋1＝2〟

に類することだけが、とりあげられ、その他の「教育」の中身、それとその中身の「働き」を忘れ去ってしまっている。

二　在るべき教育とは何か

ここで話の方向をわざとずらし、世の教育論議の非を間尺《ましやく》のうちに収めて、右にいってきたことの意味を考えてみることにします。

小学校の子どもたちに

〝1＋1＝2〟

というような、いわゆる知的な内容としての「学力的学習」だけをさせたらどうなるか――。

果たして、目的どおりに学力は身に着くか。（いい忘れていましたが「集団学習」としてのこととしてです。）

……否《いな》でしょう。それが問題‼　「全人教育」という言葉があるように、「学力」だけが「教育」の全てではないということ。それは幼稚園の発表会で見ての通り。「人間教育」といわれるときの「学力」は、そこでの一部分

でしかない。たとえ「学校教育」のメイン内容ではあっても。

ここで、教育の理論を持ちだすと、「学校」での「学習集団」は、イコール「生活集団」でもあるということなのです。知的な学習だけが、学校での学習でないことのみならず、「学習」も「生活」のなかに包まれて初めて成り立つ。いや「学習」と「生活」とが、バランスよく一体化したとき、はじめて「学習」の効率も上がっていく——この論理を忘れてはいけない！　トータルな総合的教育の結果として、一人の「人間」は育っていく、ということの意味を。

そこでつづいては、話を集団のもっている相互性ということで考えていくことにします。

- 勉強の得意（不得意）な人
- ゆうぎや歌、演劇の上手（下手）な人

幼稚園での発表会は、後者に属していることになります。が、そこでは、勉強（知的な学習）とは別の、さまざまな人間成長に必要な諸能力が学びとられていくことになる‼

学校は前・後者併せてともどもにということですが、ときに、ここで前者だけに内容を限り、後者をないがしろにしたときどうなるか⁉　これはもう火を見るより明らか。成り立ちをえない、立ち上がることすらできない。

三　ときにいま学校では——

しかしいま学校では、いわゆる「学力向上」に直接繋がる「点数」だけに目が暗み、そのこと以外の、あの幼稚園で培われてきた諸能力のことが忘れ去られている。切り捨てられようとさえしている。人はさまざまな能力の総合として生きていて、なお得意・不得意でいえば、みんなのなかにはいろいろな人がいる。が、相互にそれを認め合い、それぞれが人と違った自分自分の特徴を活かし合いながら、仲間相互間での一翼を担っていく。問題は混じり合い、重なり合っているのです。そのようにして人は生きている……。

ただ幼稚園と学校との大きな違いは、学校のばあい、ゆうぎや歌だけではいけない。算数や国語の勉強も大切。だから、その勉強の土台になる基礎は、我慢してでもしっかり身に着けていかなければならない。が、それでも得意・不得意は残る。しかしここでもまた、人間の生き態《ざま》そのままの混じり合い、重なり合いの仕組みは顕われでてきていて一つの社会的な整合性をかたちづくる。学校での勉強には、音楽や体育、それに特別活動、総合学習の時間といろいろあって、たとえ算数は苦手でも自分の得意の発揮できるチャンスもまたある。なおそれらをみんなで力を合わせてやっていく――それが楽しい。……学校も、おとなたちの社会と同じで、いろいろな人がいて、それぞれで自分の特徴を活かしつつ、世の中全体を豊かで楽しいものにしていく。……だから国語は不得手でも学校に行くのは楽しい。……ところがいま、その「楽しさ」が切り捨てられようとしている⁉ 〝1+1=2〟の「学力」だけが大切と。考えてもみてください。学級会も、集会も、遠足も、運動会も学芸会（学習発表会）も、特別活動も、総合学習の時間もない学校で、朝から晩まで、明けても暮れても、〝1+1=2〟だけを教わるとしたら、これをノーマルな「学校」といえますか。もともと学校 school とは、魚が群れ遊んでいる場所のことですから。だからそこでの勉強を「学習」（学び合い）といっているのです。ですからたとえどう工夫に工夫を凝らして教えてもらっても、教わっている時間や一生懸命さのわりには効果が上がらない、力が身についていかない。人間の心や体は、知・情・意といわれるようにトータルなものとしてできているからです。面白い、楽しいと思わなければ、やる気も起ってきませんし、当然のように頭の働きも活発になっていきません。「知」に繋がる「学力」だけが単独で成り立っているのではない、ということのそれは結果の証左。

四 「学力論者」たちの非

ところで世の「学力論者」たちにはそこの理屈が分からない（らしい）。目先の得点（点数）のことしか見えていない（らしい）。それを全てだと思い込んでしまって。〝1＋1＝2〟をとりかこんでいる総合的な力、またそれを支えている土台としての生活的な諸能力のあることを思考のうちにとりこみえないでいる。初めに、幼稚園の発表会での、あの集中力や達成感、また協調性などを挙げたのはそれら学力向上論者の非の反照としてだったのです。

「学習集団」を「生活集団」としてトータルに捉えている教育のなかにあっては、そこにいるそれら全ての人を、それぞれの特徴を活かしながら、「全人」としての成長を共々に果たし合っていく。これが大切‼　ここが肝心‼

知能偏差値の高い者だけが人間的に好ましい発展を遂げ、社会の役に立つ、などということはありえないのです‼　このコンピュータ社会のなかにあってはとりわけ。

学力向上論者たちの間違いを整理していうと――

- 学力が全てと思い込んでしまっていること。
- 学力が学力だけで成り立っている、と勘違いしていること。
- （学力とは、結果としての得点のみならず、そこに到り着く経緯―方法であって、しかし、）目先の得点だけに眼を狂わされていること。
- 学力の向上には、やる気が伴っていなければならない――その意欲のことを忘却し去ってしまっていること。
- 人間の成長は、トータルな諸能力の総合によって成し得られていることを、よく分かっていないこと。

・個では得られない集団としての相互的な影響力が、学習の意欲や向上と深く繋がっていることを理解し得ないままでいること。
・いまや知識的な記憶は、コンピュータに肩代わりさせられる、ということ（の時代性的不理解）。

学校においての学習とは、語源的なことになぞらえていえば、海中の魚が群れ遊んでいる――楽しく遊び合っている態《イメージ》――。この「学ぶ」→「学び合う」という図式の相互刺激による高め合いこそが教育の理想のはず。と、その「学習」の原理にも気付いていないことになる。いや、識らないのかもしれません。

近ごろの親は、

――人間は変えないで、知識だけを与えてくれという。むちゃな話ですよ。

と脳科学者の茂木健一郎はいっていますが、親のみならず政治家・役人（文科省）もその例に漏れず大同小異（らしい）――正に世は大衆迎合《ポピュリズム》の大合唱といっていいほど――が、それに惑わされてはいけない。

五　しかし、わが幼稚園では――

しかしさすが、わが両幼稚園では、そこでの抑制はきちんと保たれている。（しかし「お受験」という言葉があるように、安心ばかりもしていられない。クワバラ、クワバラ……。）

〝1＋1＝2〟

だけが人間の全てであろうはずはないし、また人生たりうるはずもない。……ここでは自分の所管の、幼稚園での発表会にことよせ、「学力向上論者」否定論を書いてしまうことになりましたが、これは全国民的規模の問題――そんななかでわたくしは、何よりも、誰よりも、国民にとっての基礎・基本としての「基礎学力」は大切と思っている者の一人のつもり。そしていちばん大切なことは、憲法で保証されている教育を受ける権利を守ること。「義務教育」においては、そこでのミニマムとしての学力——すなわち基礎・基本の修得は絶対必須要件として担保されなければならない。そこにはどんな格差もあってはならない。目先の学力的得点に目を暗まされて、学校の株式会社（独立法人）化など口にするのは言語道断。「エリート教育」と、「義務教育」をきちんと峻別し、そのばあいでのエリートの養成にも、基礎・基本は絶対に必要、大切。義務教育はいうに及ばず。少なくとも国家——国民の教育を預る政治家・官僚、また教育関係学者も、この論理のとりちがえをしてはいけないのです。

　幼稚園で培われたさまざまな力が、学校でそのまま活かされ、さらに知的学習の新たなる要素—内容としての知識・文化・伝統等の力を磨いていくときの相乗作用の土台《ベース》になる。いや力の幅を拡げ、力の質を高めていく……。それを人間の成長（段階）というのであって、トータルな「人間教育」としてそれを着実に行なっていく。くりかえしていうと、いちばんいけないのは、目先きの現象的な事実だけに捉われて、全体を見誤る愚を犯してはいけないということ。ことの本質からの乖離《かいり》はいけません。

　複雑さを単純化する。——幼稚園での「教育の力」、そこでの子どもの「育つ力（教わって伸びる力）」の凄さを詳さに観て、学校でこの力を削ぐようなことがあってはならない。（……でないと、幼稚園での教育の意味がなくなってしまうことになる。）——そう思ったのです。

　〝1＋1＝2〟

は極めて大切。その大切な意味をきちんと果たす。それを本当のこととして。

　教育の力って凄い。しかし、それを悪用、逆用してはいけない。これは、わたくし自身への自戒として、ということでもあるのです。

子どもにとっての遊ぶことの大切さを考える

一 遊ぶことの大切さにかかわっての脳科学的知見

初めから長い引用になりますが、これがいま21世紀においての「精神分析と脳科学の合流」といわれる「心脳問題」の最先端をいく知見だからです。出典は『脳と心的世界』（マーク・ソームズ、オリヴァー・ターンブル、平尾和之訳、星和書店、二〇〇七年）で、七か国語に翻訳されているとのことです。

ＰＬＡＹ（遊び）と他の社会的情動

（……）神経科学者は「基本情動」パラダイムを他のより複雑な面をもつ人間行動学へと拡張し始めています。おそらくこの方向における最近の研究で最も興味深いのは、パンクセップがＰＬＡＹ（遊び）システムと呼ぶものに関してでしょう。人間を含むあらゆる幼い哺乳類は遊ぶ必要があり、しかもある一定量の遊びが必要のようであるという事実は注目に値します。その生物学的な目的が何であろうと、遊び（そしてとりわけ取っ組み合い遊び（rough-and-tumble play）は、睡眠のような基本的機能を調節している恒常性維持の原理に似た原理にしたがって、幼い子どもにおいて機能しているようです。もし子どものラットが取っ組み合い遊びの機会を奪われた場合、その後、次にチャンスが与えられるのがいつであれ、その奪われた分に比例してたくさん遊ぶことによって失われた時間を埋め合わせる、という反動効果がみられます。このメカニズムがこれほど深く哺乳類において保持されているということは、遊びがおそらくいくつかの決定的に重要な発達上の機能を果たしているということを示唆しています。現代のアメリカ都市部ではＡＤＨＤがたいへん増えていますが、その一部は子どもが適切な量の取っ組み合い遊びを奪われた結果であるかもしれない、とパンクセップは示唆しています。

子どもにとっていかに遊びが大切であるかについては、これまでにもいろいろと、さまざまな視点・角度から言われつづけてきています。そしてそれには、それなりの理解と納得が得られているのでしょうが、実際にはなかなか滲透しきれない、といううらみが残りつづけているようです。

なぜか⁉

- 臨界期と絡んでの早期教育論の早呑み込み。
- 学力向上論にみられる「知識」中心主義への固執・偏執。
- 学歴指向の偏差値信仰。
- 「暗記教育」「ドリル学習」が、教育―学習のねらいであるかのごとき、錯覚の弊《へい》。

ところでいっぽう、「発達障害」という言葉で総称される、注意欠陥・多動性障害（ＡＤＨＤ）、学習障害（ＬＤ）、アスペルガー症候群などの問題、またそれらとも絡んでの学習規律の乱れ（「学級崩壊」とはあえていわない）、また「学習からの逃避」といわれる学習放棄ないしは不参加的態度、さらにはやる気の減退と、マイナーな傾向性はますます強くなっていくようなのです。

二……実践論的知見

最新情報としては、二〇〇八年二月二三日「読売新聞」が「日本の知力」と題する連載を行なっていて、その三回目に「裸足の遊び　人生の土台」として、保育実践家の斎藤公子が、つぎのように語っています。

「3歳では遅すぎる」などという英才教育の勧めにあせった親が競い合う現状は残念に思う。たとえ試験にうかっても、大人になればただの人だが、ゆっくりと十分に遊び、暴れた子供は、結局は伸びる。勉強よりも、良い絵本を読み聞かせ、正義感あふれる、感受性豊かな子供にする方が大事でしょう。うちの保育園では文字も数字も教えない方針だった。足の指先までしっかり動かせるようになった子供こそが、文字学習に入る準備ができたというしるしだから。

赤ちゃんはまず舌で世界をなめ回し、魚のように背骨をくねらせ、両生類のように腹ばいでハイハイし、やがて人として2本足で立つ。もちろん私はこうしたことを長年の経験と観察から学んだだけ。

先の引用が、最新鋭の脳科学（的）理論なら、後者引例のばあい、「長年の経験と観察から学んだ」実践論です。そしてともに、「十分に遊び、暴れ」ることの大切さを強調しているのです。「臨界期」という言葉に踊らされた「英才教育」を否定的に捉え、またマイナス要因として、ＡＤＨＤなどの発達障害を懸念しているのです。

三……思想性的知見

わたくしたちの国での幼年論の第一人者であり、また大思想家として知られる吉本隆明は、『家族のゆくえ』（光文社、二〇〇六年）の「少年少女期」の章で「『遊び』が生活のすべてである」という項を設け、遊びの必要を、つぎのように強調します。

> 少年少女期というのは、学制から見れば小学校へ上がるころから中学生までの時期になるが、ここでいちばん重要なことは遊ぶことの拡大だとおもう。親の側からいえば、何も干渉せずに遊ばせる時期だとおもう。
>
> 少年少女期の定義は何かといったら――「遊ぶこと」がすなわち「生活のすべて」である生涯唯一の時期だ。「生活がすべて遊びだ」が実現できたら、理想の典型だといえよう。遊び以外のことは全部余計なことだ。この理想が実現できなければ、おどおどした成人ができあがる。もちろん、わたしもそうだ。これは忘れてはならないことにおもえる。「遊び」が「生活全体」である、というのが本質だから、できれば遊び以外のことはやらせないほうがいい。（傍点　畑島）

吉本は、「少年少女期」という、ほぼ「義務教育」期に当たる子供たちについていっているのです。ですから、それ以前の乳・幼児期の子どもたちにとっても、「遊ぶこと」が本体の生活であることは、いうまでもありません。そして吉本のばあい、傍点部分のように、生活の仕方の「本質」をいっている、とここでは受けとりたい。子ども期にとっての、遊びの大切さ強調のための。

四　……運動生理学的知見

これでもまだ、得心のいかない方がいらっしゃると思われますので、子どもの脳の発達研究で著名な運動生理学者、信州大学准教授（現教授）、寺沢宏次の〝じゃれつき遊び必要論〟を掲げてみます。「go/no-go 課題」とされる調査結果の報告としての。出典は、「潮」二〇〇六年八月号、「いま『子どもの脳』が危ない。」です。

運動が脳の発達を促《うなが》すことは、すでにさまざまな動物実験が証明していましたが、調査結果には驚《おどろ》かされました。じゃれつき遊びを行うと「go/no-go 課題」の成績《せいせき》は顕著にアップする。さらに追跡《ついせき》調査を行うと、幼稚園でじゃれつき遊びをして育った子どもたちは、小学校に上がっても「go/no-go 課題」の成績は優位をキープしていたのです。

（中略）じゃれつき遊びで行われる人間同士の肌《はだ》と肌のふれあい＝スキンシップに重要《じゅうよう》な意味があった。群《む》れて遊んでいた子どもたちには、「コミュニティ」（社会）があったのです。

『脳と心的世界』の著者による「取っ組み合い遊び」と同じことをいっているのです。そしてそのメカニズムのなかには、コミュニケーション機能も含まれている、ということをも。いやコミュニティの形成です。言葉を変えていえば、自他の感覚、すなわち社会性が身に着く――。

五　……再び脳と心的世界的知見
――親が積極的に教えることの意味について

そこで再び初めの『脳と心的世界』に還ります。

イギリスの哲学者ジョン・ロック（一六三二〜一七〇四年）は、生まれてくる新生児をタブラ・ラサ（白紙）

として捉えましたが、スイスの心理学者ジャン・ピアジェ（一八九六〜一九八〇年）は、構造として把握することで、心理学に大きな変化を齎《もたら》しました。そしていま、発生学を初めとする諸学問において、胎児は、子宮内で指をしゃぶり、七・八か月以降は外界の音も聞き分け、やがては男（親）・女（親）の声の識別さえできる、といわれているのです。言葉についても母国語と外国語との識別さえできると。新生児のばあい、外的な環境世界との接触は、まず「触覚」からです。母親とのスキンシップとしての。つづいては舌の「味覚」……。

先に引用した吉本隆明のばあい、乳・幼児の人格形成の核は、胎内での七・八か月以降から出生一八か月でほぼ定まるといっています。あと三歳ごろまでに、それが確定する、と。

乳・幼児期においての子どもは、おとなの養育者がいなければ生きていくことは不可能です。おとなは無力の子どもの「内的欲求を満たし、来るべき危険を生き延びていくために何が必要とされるのか、ということを積極的に教えます。」（『脳と心的世界』）そして、対象に対しての「良いもの」と「悪いもの」との価値（意識）的な識別判断、また「してよいこと（わるいこと）」という社会性を含めた行動の規準を、意識的・無意識的に体得していくのです。そしていま「無意識的」といったのは「自我は主として無意識的なものです。その中核となる機能特性は意識の能力ではなく、抑制の能力です。フロイトはこの能力（欲動エネルギーを抑制する能力）があらゆる自我の理性的で現実に則った実行機能の基盤であると考えました。」（『脳と心的世界』）とされる言説があるからです。

ここで「親が積極的に教える」ということにかかわって、同書から、長い二つの引用を行なってみます。

遂行コントロール

前頭前野の成熟のきわめて重要な側面として、脳の内臓的システムによって放出される定型的な運動パターンに対する抑制コントロールが少しずつ発達する、という点があります。前頭前野の発達によって情動性や意識一般に対する抑制コントロールも得られ、そのようにして指向性をもった思考や注意などの基礎が与えられるのです。

前頭前野は生まれてから成熟し、主に二歳ごろと五歳ごろに二つの大きなスパートがあり、人生の最初の二十年を通して発達し続けます。ゆえに、前頭前野はきわめて「経験依存的」なものです。人生の最も早期数年において実行メカニズムの活動性を形づくる経験が、前頭前野の個人的な構造を決定することになります。したがって、その遺伝的（神経化学的）な抑制能力の応用には、早期数年の臨界期においてこのような面での子供の発達を導く、親（や他の権威）の姿が、文字どおり、彫り込まれるのです。この「彫り込み」プロセスは少なくとも二つのことによって取り仕切られているようです。すなわち、第一に親が行うこと、第二に親が言うことです。

初めの引用では、脳の前頭前野と抑制コントロールの働きについてがポイント。つづいての引用は、それを承《う》けての発達成長段階、そこで果たされる親の役割りということになりましょう。「行う」とはミラーニューロンの作用による親の模範的な行為、すなわち子どもがそれを倣《まね》（学）ぶ、ということになる。「言う」とは、口で教えること。ここで「彫り込まれる」という言葉がでてきましたが、それを二・三歳前後にインプリンティングする……。それまでは「前頭葉システム（活動のプログラミング、調節、確認のためのユニット）の組織化のレベルが非常に不十分であると考えられるので」。……と、先にいった、八か月から三歳ごろまでに固まる「人間形成の核」はどうなるのか？　それは引用のなかにでてくる「遺伝的（神経化学的）な抑制能力という、無意識ないしは半意識的な機能とのかかわりからであり、それに併せて、「教える」以前のベースを成すと思われる、母親によるひたすらなる〈愛〉のインプリンティング――それあってのミラーニューロンの働きだとわたしは思うのです。身籠った胎児のときから、〈愛〉の思いを掛けつづけ、そこでの精神の安定のうえにのって新奇性を求める乳・幼児に、「良い物」「悪い物」、「してよいこと、（してはいけないこと）」の識別を、身を以ってしっかり教える（つけさせる）。そして面白いことにその「臨界期」が「三歳ごろ」「五歳ごろ」の早期数年にあるということなのです。

いまここで「早期数年の臨界期」とでてきましたが、「早期教育」のことではありません。初めに引用したように『脳と心的世界』の心脳問題を扱う科学者は、ＰＬＡＹ（遊ぶ）ことの大切さを強調しており、そのことが脳の機能の成熟をすすめる。おそらく「取っ組み合い」というとき、そこで働いている、肌を擦り合わせてのスキンシップによる他者への友情的〈愛〉の培い、また力の入れかたの加減を頭に入れての抑制機能、それに伴う社会性の体得――そのことをいっているのだと思うのです。生まれてすぐの母親によるスキンシップが他者との間で行なわれる。母性愛↓友情愛の連鎖としてです。保育実践家の斎藤公子も、幼年論の第一人者吉本隆明も、また運動生理学者の寺沢宏次もが、そのことを自らの視点的立場から発言していたのだと思います。

六　まとめとして

なぜここで、わたくしが自らの意見（知見）を抑え、識者たちによる引用づくめの文章を書いたのか――。それは「説得力」です。わたくし如きレベルの意見では、世の「学力指向」の親の皆さんの得心を得ることは難しい。およそ不可能なことは、世の動きを見ていれば、おおよその見当はつくからです。

わたくしは前に「児童研究」617号（二〇〇八年一月号）で「学力向上論者否定」の文章を書きました。聖心学園の両幼稚園の「発表会」等の立派さにことよせて。わたくしは「学力」自体を否定する者ではありません。基礎学力徹底化必要論者です。しかし偏頗な「暗記教育的、偏差値的」学力は否定する。物事――要はバランスなのです。子どもにとっては、まず遊ぶことが大事、それに併せて教えるべきことをきちんと教え、学齢期といわれる時期に、身に着けるべき最低必要《ミニマムエッセンシャル》の基礎学力はしっかり着けさせる。身丈に合った内容を身丈に合った方法で。（一三歳、さらには二〇歳までに――脳科学的には。）

「学力向上」とか「規範意識」とかを、頭の上での軽はずみな観念論として言ってはいけない。それも大衆迎合主義的《ポピュリズム》人気取りとして。生きていくというときの、基本の力の養いとしての「教育」を論ずるとき、そこにはしっかりした学問的な裏づけがなくてはならない。ここでは、その一端を、先回の「児童研究」の補足の意味で行なったということになります。

「触わる」という感覚の幼児教育への効用について

一　わたくしの小さな感触体験

新聞を捲《めく》る。本の頁《ページ》を捲る。……と、右手親指と人差し指の掌《てのひら》先端部に異和を感じる。で、捲った紙面・頁を確かめてみる。と、異常を感じさせた指先の予想通り、二面・二頁をいっしょに捲ってしまっている。……そのあとの瞬間、指の掌が自らの過ちに気づいている――ということなのです。

……これはわたくしの小さな感触体験――みなさんには、そんなことはありませんか？　わたくしは、そんな感触体験に出合うたび、指先の持っている感覚の鋭さに感心してしまいます。そしてこれは「触覚」と呼ばれる感覚の一つです。

二　乳・幼児の触覚とかかわっての卓見

目・耳・肌・舌（口）・鼻という、五官と呼ばれる感覚機能は、一般には、視覚・聴覚・触覚・味覚・嗅覚の順で並べられることが多いようです。見る・聴く・触わる・味わう・嗅ぐという働きをすることになるのでしょうが、外界と接しての知覚の度合いの順としては、そんなことになるのかもしれません。

ところでわたくしは、本誌「共に育つ」（第24号、二〇〇五年秋、日本カトリック幼稚園連盟）で、眼を開かれるような知見の事実に出合いました。新垣壬敏氏（白百合女子大学教授）による「子どもの感性――音楽をめぐって」と題する文章です。氏は、「幼児期の教育でスキンシップが如何に大切なことか――」として、つぎのようにいうのです。

「ふれあい」と言う言葉は、「触れ合い」と書かれるのだが、人間は「触れ愛」によって誕生し、生まれさせられるのだから、触覚は人間の誕生以前から引き継がれた根本的な感覚の基本になっているのではなかろうか。「ふれあい」によって受胎した人間は、受精後直ちに母体から栄養を受けるために、着床することに依って、母体と一体になる。触覚は人間の誕生と同時に働き始める感覚と言えるのではなかろうか。

常識を覆す説得力とは、こんなことをいうのかもしれません。そして氏は、子育てにかかわる乳・幼児の五感の働きの順序を、単なる外部環境との接触の度合いの順を超えて、触・聴・視・嗅・味の順に並べているのです。これは卓見！　なぜかなれば、感覚器官の働きを、子どもの感覚体験的事実を規準に考えているからです。とりわけ「ふれあい」―「触れ合い」―「触れ愛」という言葉には、ある子育てにかかわっての神秘性のようなものがあって、心を牽《ひ》かれます。

三　いま生起している子どもの心の問題

いま子育てにかかわっては、子どもたちの我が侭勝手というのか、社会的不適合がいわれています。コミュニケーション機能の低下、すなわち抑制コントロール能力の未発達状態です。他者の立場に自分を措《お》くことができない。痛覚という体性感覚に準《なぞら》えていえば、相手の痛みを自らの痛みに置き換えることのできない対人関係の魯鈍さです。いまの脳科学が知性をコミュニケーション能力だといい、また中国の古典である『論語』においても「恕《じょ》」、すなわち「思いやり」が最高の至徳とされ、今風の話題としていえば、「教養とは他人の心がわかることだ」（養老孟司＝解剖学者）という言葉が、知的な世界での流行語《(はやりことば)》にさえなっているくらい――「慮《おもんぱか》り」ということがいかに大切か、それは古今東西を問わない、ということなのです。

話を触覚に還すと、スキンシップの延長としての膝の上での母の温《ぬく》もり、柔らかな眼差し、ひいては優しい言葉による語りかけが、子どもの脳を活性化させ、シナプス（神経細胞の繋ぎ役）の賦活《ふかつ》を促す。鷲田清一という臨床哲学者は、この不透明・不確実な社会—時代のなかでの「死なないでいる理由」を、スキンシップによる無償の〈愛〉としての「存在の世話」に対する肯定感情とし、それを人と人との信じ合いの最終の絆に挙げているくらいなのです、このことは極めて重要なので、長文になりますが書き写しておきます。

（……）家庭、そこでは社会というものをかたちづくるひととひととの最後の絆《きずな》としての〈親密性〉とか〈信頼〉をからだで覚える。家庭という場所、そこでひとは無条件で他人の世話を享《う》ける。（中略）こぼしたミルクを拭《ぬぐ》ってもらい、便で汚れた肛門をふいてもらい、顎や脇の下、指や脚のあいだを丹念に洗ってもらった経験……。そういう「存在の世話」を、いかなる条件や留保もつけずにしてもらった経験が、将来じぶんがどれほど他人を憎むことになろうとも、最後のぎりぎりのところでひとへの〈信頼〉を失わないでいさせてくれる。そういう人生への肯定感情がなければ、ひとは苦しみが堆積するなかで、最終的に、死なないでいる理由をもちえないだろうと思われる。

（『死なないでいる理由』小学館、二〇〇二年）

四　じゃれつき遊びと、取っ組み合い遊びの効用

（ここでは、前項「子どもにとっての遊ぶことの大切さを考える」との重複を恐れず、書いていくことにします。）

「人生最初の十三年間」が、脳構造についての環境からの影響の最も大きいとき、といわれています。そしてそこでなによりも大切なのがＰＬＡＹ（遊び）のシステム。とりわけ取っ組み合い遊び（rough-and-tumble play）だと、現代の脳科学者（『脳と心的世界』マーク・ソームズ他、星和書店、二〇〇七年）はいうのです。遊ぶことを生物学的な成長の基本原理とし、「遊びがおそらくいくつかの決定的に重要な発達上の機能を果たしていく」と。そしてＡＤＨＤ（注意欠陥・多動性障害）多発の要因の一つが「子どもが適切な量の取っ組み合い遊びを奪われた結果であるかもしれない」とも。これは、パンクセップという神経科学者の「基本情動」パラダイム説の拡張として紹介されているのですが、子どもの「遊び」の大切さとかかわる、またスキンシップによるコミュニケーション機能、また「良いこと」と「悪いこと」の躾的判断に繋がる抑制作用とも結びついているらしいのです。

ところでそれを裏書きするように、わが国の運動生理学者（信州大学准教授［現教授］、寺沢宏次）によってもgo/no-go課題」とされる調査結果として報告されているのです。「いま『子どもの脳』が危ない。」（「潮」二〇〇六年八月号）として。

（62頁3～8行目の「いま『子どもの脳』が危ない。」引用箇所を参照）

まえに、コミュニケーション機能は「知性」だといいました。それが「人間同士の肌《はだ》と肌のふれあい＝スキンシップで果たされる。なお「コミュニティ」（社会）の形成に繋がっているとなれば、この〝脳化社会〟といわれる都市化現象のなかにあって、その救世主の役を果たす、といっていいのかもしれないのです。ただ「子どもにとって遊びは大切」と、観念論的にいうのではない——科学がそれを立証する——いま時代は、そこまできている、ということなのです。

五「ミラーニューロン」という言葉に刺激されて

「子どもは親の背中を見て育つ」という言葉があります。「学ぶ」とは「倣《まね》ぶ」、すなわち「模倣する」ということです。自らの信頼している者を眼（心）で見て学ぶ、学びとる。そしてこれは、ミラーニューロンという脳の前頭葉の作用だということが、いま分かってきているのです。日本古来の言葉のなかにも「以心伝心《いしんでんしん》」とか「念力《ねんりき》」とかと、それに通じる言葉がありました。自らの思いは、相手にも言外に伝わり得る、ということとしての。

ここではそれに「刷り込み《インプリンティング》」という語をも言い添えておきましょう。「胎児の無意識に、母の〈愛〉がインプリンティングされる」というように。そしてその「刷り込み」の作用も、生物学的な基本原理機能と考えられていて、身近かな親の行なうこと・親の言うことを子どもが真似る。というとき、してはいけない、やってはいけないという抑制能力も、ミラーニュロンによるインプリンティングとして、行なわれている――そのベースをなすものが母による〈無償の愛〉であり、それがスキンシップと結びついて拡張―拡大されていくのだと。「ふれあい」―「触れ合い」―「触れ愛」とはそんなことで、それが子育てというときの基調――これらは全て「三つ子の魂百まで」といわれていたような古諺《こげん》の科学的な立証であって、観念論、また感覚論としていわれていた、いわゆる仮説としてではない、ということなのです。

六「第六の感覚」について

ここでは最後に、六番目の感覚についても簡単に触れておくことにしましょう。外部環境に対して働く五感とは異なる、内部世界、すなわち内臓の働きとしての感覚機能についてです。「クオリア」と呼ばれている、そのもの（こと）にしかない、ある質感的特性を感受できる感覚能力のこと――脳科学の本では、「中核自己への気づき」といっているところからすると、きっと高度な感覚ということになるのでしょう。

……がしかし、それも、子ども期におけるじゃれつき遊びや、取っ組み合い遊びによって鍛えられることが分かっていて、そのスキンシップ感覚が下地《したじ》にあって初めて成り立ちうる、ということ、それほど人間の成長にとって触覚体験が大切だということなのです。

古代ギリシアの哲学者、アリストテレスのいう古典的な「五感」以外の感覚世界がある——そのことをも含めて、本稿では、新科学時代における感覚世界について、「触覚」（スキンシップ）を中心に書いたことになります。

幼児教育の現場から学ぶ
——サンタセシリア幼稚園での一週間

一　急場のピンチヒッターとして

六月二日（月）（二〇〇八年）から六日（金）までの一週間、サンタセシリア幼稚園で〝ピンチヒッター〟として園長代理を勤めることになりました。M園長の不在を埋めるためです。

サンタセシリア幼稚園のばあい、126名の尊い幼児たちの命を預かっています。このことに、かかわっての、園としての責任を果たすためです。万一のばあいの不測の事態に対して、的確な判断を下す。適切な対応をして、子どもたちの命を守る。園の最高責任者である園長は、そのことのためにいる、といってもいいくらいだからです。

もとより、建園の精神と、公的な幼児教育機関としての「幼稚園教育要領」に基づいての日常の教育をぬかりなく行なう――それを当然のこととしながら、園に課された最低必要《ミニマムエッセンシャル》の責務は、子どもの命の安全を確保することだからです。

家庭内の突然の不幸に拠る園長不在の穴をまず埋めなければならない。本園を預る本部の役員（理事）としては、とりあえずそのことの補充をし、教職員への急場での指導・助言を行なう。わたくしは、咄嗟にそう考えたのです。

そして、月曜から金曜までの一週間周期、一時間半の通勤時間をかけて、仮りの勤務についたのです。正直いって、〝後期高齢者〟にとっての朝のラッシュ時の通勤は大変でした。……しかしそんな間でわたくしが思っていたことは、子どもの命を守るということにつづいて、この一週間で果たして何が得られるか――月並な言葉でいえば、そこでの「勉強」だったのです。

二　まずは、〝存在〟を曝すことから

初日わたくしは、運動場の聖母マリア像の前に立つことから始めました。わたくしの姿が子どもたちや保護者の眼にとまれば、それでいいのです。「園長の不在を埋めるために、この老人男性が来ているのだな。学園の本部から派遣されて……」そう思ってもらえば、この日のわたくしの役目は半分果たせたことになるのです。子どもを園に託した保護者が、安心して帰宅する――それでいい。

ところでわたくしは、その前に意外なことを発見していたのです。三光坂の大通りで、タクシーを降りる。あと曲がりくねった200m余りの路地を歩いて、園まで行くことになるのですが、会う人ごとに皆さん挨拶をしてくださるのです。親密さを込めて笑顔で。わたくしは、ついこの前の「マリア祭」にも理事として出席していまし

た。入園式でも短い祝辞のチャンスを与えていただいていましたので、皆さん覚えてくださったのです。（このことについては、前々から、園来訪の度に経験していましたし、この園の保護者の〝特異性〟として、このことを印象深く思ってはいたのですが、直接的に責任を負うことになった立場の者として、改めて、サンタセシリア幼稚園の地域性の意味を思い直した、という次第なのです。）

三　初日の学習の始まり

初日の学習活動は、園庭のパワフルキットさん体操から始まりました。

そこで、園児たちにも紹介される。しかし相手は小さな子どもたちです。

「白髪頭のおじいさん」の印象が、刻まれればそれでいいのです。笑顔をつくって柔和な眼で子どもたちを見ている。それでいい。一週間、その印象が積み重なって、恙無く時間が過ぎていけば、それが大成功ということになるのです。

四　全体的な学習状態の印象

一階は年少二クラス。二階は年中・年長二クラスずつ。

年少組は、まだ四～五月と二か月しか経っていないのです。しかし、そんなふうにはぜんぜん見えません。あどけなさはそのままなのですが、きちんと座って先生の話を聞き、又、指示に従っての動作もキビキビハキハキしている。わがまま勝手に席を起って歩き回る子どもは皆無。

年中・年長双方の印象を一言でいえば、背筋を伸ばし、目をキラキラ輝かせて、先生の話や指示に正対している。一分の隙も、気のゆるみもなく。

とにかく粛々淡々、有りうべきことが有りうべき姿のまま、整然ととり行なわれていく。そしてそこには、余分な気取りや気張り、取り繕いもない。

（……これでは、保護者の皆さんが、安心し、全幅の信頼を園に寄せるのはあたりまえ‼　以前に、イチャモンは絶無と聞いていましたし。）

五　午前九時に始まって午後二時に終わる

いってみて、わたくしは「教師」ではありますが、同時に「経営的立場の者」です。それも幼稚園経験のない。小学校の教師を41年間やっていましたから、その時間感覚、勤務の習性で時間の推移を見る癖が身についてしまっている。ありていにいえば、45分の授業をすれば10分の休憩時間がある、というような。そこに大きく、昼の休憩の時間が挟まると。しかし、幼稚園はそうではないのです。園児在園中の5時間の間で、それなりのメリハリは着けられていくのでしょうが、学習そのもののための時間は連らなっているのです。園庭での遊びをも含めて。

……と、8時間の勤務のありかたをどう考えていけばいいのか。人間〝馬車馬〟ではない。……ついつい日頃の経営（管理者）の習性《くせ》が出てしまう。保育者養成の教育機関の教師をしていながら、そんなことを感じているようでは、自らいう「教育は実践の学」理論が崩れる——そしてわたくしにとって、そのことが最初の〝勉強〟だったのです。

六　掃除に始まって掃除で終わる

学生にはそういって教えています。「挨拶に始まって挨拶に終わる」に併せて。ところで、そのことをも実際に自分の眼で見て、実感として学ぶ。子どもたちを送り出した先生たちの仕事は、まず後片づけに始まって、翌日の学習態勢づくり、その間に掃除が挟まっていることになる。

サンタセシリアの施設・設備は、ピカピカに輝いています。全園に眼配りが効いていて、一糸乱れず環境の整備が行なわれている。役割分担は決まっているのでしょうが、自ずからなる川の流れのように、音もなく完全無欠の教育環境が整えられていく。園庭の隅から隅まで、というように。

七　バラエティーに富んだ手作り弁当

わたくしは、子どもたちの弁当を見て驚きました。百花繚乱のとりどり、一つの教室が、愛情のこもった手作り弁当の〝花〟で飾られているのです。わたくしは、年少ばら組の一つ一つの弁当を丁寧に見ました。（翌日はもも組。）

「あ、玉子焼だ！」

「うずらの卵がはいっている！」

「これは、焼きのりのお面！」と、一々《いちいち》コメントをつけながら、見て廻る。

「みてみて！　わたしのも‼」

とあちこちから声がかかる――。

……一つとして手抜きした弁当は見当たらない。

「うちのママって、お料理上手なんだ！」
と、ママの宣伝をする子どもさえでてくる。
「食は生活の基本」。そしてなお「教育の基本」。それを、子どもを間に挟んで「ママ」と「教師」で成り立たせている。（いく。）（他のクラスは外から観察、どの組も全て同じ、お母さんの愛情のオンパレードでした。）

八　学習にメリハリをつける

月曜日には「リトミック」があります。火曜日には「体操」が。外部から講師を招いての特別学習です。ホールを開いての身体運動学習ですが、全園児が設定された時間に、順番に授業に臨むのです。年少児のばあい、助手を含めて補助教員が４名、理想の授業体制です。

年長組の体操では、組体操まで行なわれる。運動会の演技を振り返って「なるほど」と思う。六月の段階でかなり高度な技術訓練がなされ、その積み重ねの結果が運動会でのできばえだったのです。

講師の先生の話だと、本園の子どもたちは呑み込みが早いという。日常の家庭生活での行動の意識化、また園での学習規律等を含めた基礎訓練がなされているからで、そこでのベースづくりの確かさが、好ましい結果になって表われでるからです。なおそれが、一日の学習のメリハリになる。もう、言うことはありません。

九　泥んこ遊びに巡り会う

六月六日の金曜日は梅雨《つゆ》の合い間の久しぶりの晴天。授業が始まると、裸足《はだし》の年長児たちが運動場に飛び出していく。やがて始まるプール指導の一環ということのようなのですが、汚れ着の子どもたちは大はしゃぎ。が、始まるまえには、砂場の端に行儀よく座って先生の話を聞く。あと砂遊びが始まると、我先にと、シャベルを持って砂造型に熱中。いや造型という美的センスというより、大地に手足を直接触れての感覚の解放。目的はむしろそこにある、といったほうがいい。とにかく初夏の陽光に、丸ごと体《からだ》を曝《さら》して生気を養う。そして無心で土と戯れているとき、子どもたちの脳細胞は、最大限賦活《ふかつ》しているはずなのです。触覚機能を通して。

砂遊び、泥んこ遊び万歳‼

十 〝部外者〟として、行動意識化の提案をする

今、サンタセシリア幼稚園に行くと、一階年少組の廊下には、整然と夏用の麦藁帽子が掛けられています。「一つ一つの行動の意識化」という、そのとっかかりの学習の行動（実践）化です。わたくしが提案したのです。物事全て意識化が大事、肝要。幼児のころからその意識化を図らせる。整然と掛けられた廊下の壁面には、人の意識が通っていることになる。その場面をまた意識して見させる。快の感情を、日常のこととして周りの中の皆が感じとる。……とここで一つの教育行為が仕上がり、それが、やがての園風に、さらには伝統にまで昇華されて、園の特色になる‼

十一 正規の学習外のこととして

まず未就園児指導があります。一～二歳児を対象にしての入園前ならし指導です。非常勤のベテラン教師が指導に当たっていて、親子共々の勉強。これは教育課程外ということになりますが、「幼児教育」としては極めて有効といっていいでしょう。

つづいては「預り保育」。これもまた、教育課程外の自由裁量保育。社会のニーズに応えてのサービス保育で、当然のようにパート職員による保護・保育になります。時代の波の流れ中で、きちんとそれを受け止めて対応する。この柔軟性もまた、今必要かと改めて思った次第――。

あと、文字学習、英語などの知的学習も組まれているようですが、このことについては割愛します。

十二　おわりに

一週間、園長代替えとして勤務していて、保健室コーナーを訪れた子どもは一人もいませんでした。年少児で、おもらしをした子どもが一人だけいたようですが。しかしこれはご愛嬌、むしろ微笑ましくさえある。とにかく一人の事故者もなかった。これは万全を期しての先生方のご指導の賜物。五日間、保育者養成学校の〝教師〟として、いい経験をさせていただきました。園児にそして先生方に、そして保護者の皆さんに。厚く感謝申し上げます。

ありがとうございました。

第二章　子どもたちをこうやって育てる
――戦後60年の教育の反省から

あたりまえのことをあたりまえに
教える教育学

一　はじめに
――戦後60年の教育経験をベースに

ことし（二〇〇五年）の八月で、戦後も60年を迎えました。そしてわたくしは、戦後の60年を丸々教育者として経験した、と自分では思っております。と申しますのは、計算上では四年足りないことになるのですが、わたくしの通っておりました学校が、教員養成学校（長崎師範学校）で、当然のこととして在学中から「教育実習」等にも行っておりましたし、そんな意味からしますと、〝教職者感覚〟で、戦後の教育を丸ごと経験した、そういっていい、と思っているからです。

したがいまして、これからお話し申し上げますことは、60年間の教職経験を背景《バック》にしながらということで、それに併せて、いまなお現職にあって、現実としての教育の真只中《まっただなか》にいる――そんな思いのなかでの話をさせていただきたい、と思っているわけです。

先生方に差し上げてありますプリントの資料（本頁）に、この本（『学校が変わる 学生が変化する』［すずさわ書店、二〇〇五年］）の目次が掲げてありますが、本書は、わたくしが、東京保育専門学校の校長として、五年間やってきました教育並びに学校経営の記録を纏めたもので、わたくしにとりましては、「生きた教育の現実」ということでの、著作としましては、70冊目の本に当たるものです。

本の中身からいいますと、「五年間かかって、この学校と学生をこのように変えた」という「学校経営論」ということになりますが、わたくし個人としての思いとしては「教育者」として当然やるべきことを、至極あたりまえに粛々淡々《しゅくしゅくたんたん》とやった――ただそれだけのことでございまして、何か特別なことが書いてあるわけではありません。

資料プリントの目次をご覧ください。これがあたりまえさの時間の系列です。

1年目　学校の実態を自分の目で確かめる
2年目　何がどうだったかではなく、学生がどうだったかである
3年目　言うようにはしないが、するようにはする
4年目　いま上品さは学生の手のうちにある
5年目　振り返ればわが心のまま

要するに、五年間かかって、辛うじて自分の思い通りの学校に仕上げ得た、ということになります。

そしてわたしはいま、

•『あたりまえのことをあたりまえに教える教育学』

•『あたりまえのことをあたりまえに行なう学校経営学』

という本を、この著作につづいて、この夏休みに作りあげたところです。

そんな間《あいだ》で主催者の方から今回の講演の話を受けまして、そこで「演題」は、といわれ、咄嗟に申し上げたのが、書き上げたばかりの本の題名ということになった、という次第でございます。

わたくしは、講演の話をいただきますと、できるだけ、今やっている生々しい話を、と心掛けております。リアリティーと申しますか、いま、なにが、どう、どのようにというように、切迫感を持った話をすることが、講演者に課せられた義務だと心得ているからです。でありますからきょうも、そんな意味合いを込めて、これからの話をさせていただきます。

話の順序は、お配りしてあるレジュメの通りです。

1　はじめに——戦後60年の教育経験をベースに

2　教えるということ

3　あたりまえのことをあたりまえに、という〈常識〉を身に着けさせることがいかに大切か

4　学力低下と脳の働きの問題

5　現在《いま》求められている人間の能力

6　まとめ――「生きる力」について

二　教えるということ

まず「教えるということ」についてであります。

ついこの四月亡くなられたばかりですが、戦後教育界の象徴的な教育実践家である大村はまさんが、こんなことをいっておられます。「戦後教育の過ちは、子どもの主体性とか自主性とかといって、きちんと教えるべきことを教えなかったことだ。」と。

98歳で亡くなられたわけですが、お亡くなりになるまえ、「白寿記念」ということで、何冊かの本を出されました。そのことにかかわって書評紙の「週刊読書人」が、インタビュー記事を第一面に掲げ、そのなかに、いま申し上げた言葉が語られているわけでございます。

そういわれてみますと、「なるほど」と、胸を衝かれるような衝撃的な言葉で、戦後教育の犯してきた過ちが、短い批評的な言辞のなかで、丸々言い当てられている、とわたくしのような者は、自分を振り返ることになっているわけです。

わたくしのいま書きあげたばかりの『あたりまえのことをあたりまえに教える教育学』は、その大村さんの言葉に従って、というわけではありませんが、保育者養成学校の校長としては、自分の学校の学生たちに「挨拶の大切さ」を教えることを初めとして、このことはぜひ教えておきたい、と思っていることを洩れなく網羅している――それは大村はまさんの思い――言葉と、そのまま重なっている、と自分では思ったりしているところなのです。

＊

話は変わりますが、養老孟司という解剖学者の書いた『バカの壁』（新潮新書、二〇〇三年）という本が爆発的に売れて、話題を呼んでおります。この九月で、400万部売れたということです。

そしてこれも、大村はまさんとはある意味で通じていて、やるべきこと——あたりまえのことをあたりまえにやるべきだ、というのが一貫して流れている主題的な通奏低音で、それがバカ請けに請けた!!　そういっていいと思います。

そのさわりの分をちょっと読んでみます。

> 「常識」＝「コモンセンス」というのは、「物を知っている」つまり知識がある、ということではなく、「当たり前」のことを指す。ところが、その前提となる常識、当たり前のことについてのスタンスがずれているのに、「自分たちは知っている」と思ってしまうのが、そもそもの間違いなのです。

「常識」ということの大切さをいっているのです。「常識」とは、世間的な通り相場である「当たり前」のことをきちんとやること。その前提の整っていないところで、何か分かったつもりのわけ知り顔をしている——それがことの間違いのもとだ、といっているのだと思います。後でまた詳しく申し上げますが、養老孟司は「個性を伸ばせなんて、バカなことはいわないほうがいい」といっているのです。そんなことを、いったりするまえに、するべきこと、なすべきことをきちんとする——すなわち「当たり前」のことという「常識」こそを、しっかり身に着けるべきだ――そのことを教育に絡めていうと、「常識」こそを、家庭でも小学校でもしっかり教えなければならない――そういっているのです。

大村はまさんは、国語教育のエキスパートとしての「教えるべきこと」の「常識」を頭に描いておられたのでしょう。養老孟司さんのばあいは、もっと広い世間的な意味での人間の生き方の問題としてそれを捉えておられるわけで、ともに、「教えるべきことをきちんと教える」ということに変わりないと思います。

したがってわたくしのばあい、保育専門学校の教師ですから、保育者を目指す者に対しての「教えるべきこと……」ということになるわけです。

そしていま、戦後60年経って、いまいったような人間の生き方の基本にかかわることの必要が声高に叫ばれ、いや国民大衆の多くが、それを感じはじめている――そういっていいと思うのです。

三　あたりまえのことをあたりまえに、という〈常識〉を身に着けることがいかに大切か

いま猛烈な勢いで売れている、いわゆる〝常識本〟といいますか、「あたりまえのことをあたりまえに」ということの必要を説いたと思われる本には、どんなものがあるか――それをベストセラーのなかから選んで申し上げてみます。

。改めていうまでもなく、養老孟司の『バカの壁』（新潮新書、二〇〇三年四月）

。アメリカの小学校教師が書いた、超基本ルール集とでもいうべき『あたりまえだけど、とても大切なこと――子どものためのルールブック』（ロン・クラーク著、亀井よし子訳、草思社、二〇〇四年六月）

○ルールというより、自分を変える自己変革法。しかもそれを家庭の主婦が書いた、いわゆる〝五分間本〟――『キッパリ！　たった5分間で自分を変える方法』（幻冬社、上大岡トメ、二〇〇四年七月）この三冊は、全て100万部以上売れたミリオンセラーで、しかもさっき申しましたように、「あたりまえのことをあたりまえに行なう」ことの必要を説いた〝常識本〟といってよいと思うのです。

つづいては、ロングセラーに属する関係書を申し上げてみます。

○新渡戸《にとべ》稲造の『武士道』（奈良本辰也訳・解説、三笠書房、一九九七年）（原著は"Bushido : The soul of Japan"、一八九九年、最初の日本語訳は一九〇九年［明治41年］）――100年も前の本です。100年といえば、ことしは日露戦争開戦記念の年でしょう。

○「論語」の普及版としての『孔子の一生と論語』（緑川佑介、明治書院、二〇〇四年十月）――これは去年出たばかりの本ですが、論語の見直し、ということになると思います。

○「論語」に類するものとしては、『みんなのたあ坊の菜根譚――今も昔も大切な100のことば』、ならびに『みんなのたあ坊の賢人訓　中国編――今も新鮮な70のことば』（ともにサンリオ、二〇〇四年）。『菜根譚』は、洪応明《こうおうめい》による400年ほどまえの中国の古典。『賢人訓』は、「易経」「詩経」等の中国最古の詩集で、それに類する古典からの名言を集めたもの。『菜根譚』そのものは「岩波文庫」としても出ています。

○それに松下幸之助の『道をひらく』を初めとする、心得帖シリーズ九冊を加えてもいいと思うのです。『道をひらく』は、一九六八年発行――37年前に出た本で、現在、147刷を数えています。ＰＨＰ文庫として出されているのですが、経営学のみならず、人生的な生き方のノウハウ、ハウツウがぎっしり詰め込まれています。行き着くところは「素直な心になるために」で、人間関係の築き方はいうにおよばず、人をどう使うかの経営論はさすが、舌を巻くという表現がそのまま当てはまるほどの素晴らしさです。そしてそれは、「論語」に通じ、「菜根譚」に連らなり、現代版的には、養老孟司の『バカの壁』とも、そのまま結びついています。異国の小学校教師、ロン・クラーク先生のルールブックにさえ通じているのです。

戦後60年の間に省みられなくなった、もしくはすたれた社会常識を、いま振り返ってみようという多くの意志が、そのような社会現象を生み出していることになるのだと思います。大村はまの戦後教育の反省と結びつけていえば、「個性」とか「主体性」とか、また「自主性」といわれるようなうたい文句――すなわち「個人」をベースにした生き方へのアンチテーゼとして捉えていいと思うのです。

人は一人では生きていけません、一人では生きられない、生きてはいけないという――その生きる――生きていくということ自体への見直し、それを戦後の60年目に行なう――いわば「戦後」という名の傷口の補修をしている、そういっていいのかもしれません、それほど敗戦の傷跡は、わたくしたちの国の間に大きく残り続けていた!!

養老孟司はこういっています。

> こう考えていけば、若い人への教育現場において、おまえの個性を伸ばせなんて馬鹿なことは言わない方がいい。それよりも親の気持ちが分かるか、友達の気持ちが分かるか、ホームレスの気持ちが分かるかというふうに持っていくほうが、余程まともな教育じゃないか。
>
> そこが今の教育は逆立ちしていると思っています、だから、どこが個性なんだ、と私はいつも言う。おまえらの個性なんてラッキョウの皮むきじゃないか、と。

戦時中の軍国主義的な一律教育というのか、ファッショ的な人間の企画化への反動だと思うのですが、そのことと重なっての戦後の複合的な占領政策、それらのことが禍いして、人間存在の在り方を、根本的に間違ったかたちで捉えてしまっていた。人間が「社会的な動物」であることは、2300年前のアリストテレスの時代から分かっていたことなんです。しかし養老が「今の教育は逆立ちしている」といっている――その逆立ち現象が、ずっと60年間続きに続いてきていた。……そんななかで、世間一般に通用する「常識」（コモンセンス）を失い、我侭勝手な自己本位の人間だけが蔓延《はびこ》りつづけている……。自分以外の他人の気持ちを推し測ることのできない、いやそれどころか、身近かな肉親としての親、また友達の気持をすら理解できないような……。あげくに人を殺す‼

ここで話を脳科学に移し変えます。

いま脳科学の最先端にいる、といわれている茂木健一郎は、他人とのコミュニケーション機能ということでの脳の働きについてこういっています。

いまの脳科学で知性をどうとらえるかというと、コミュニケーションの能力っていうことだと思うんですね。コミュニケーションが何で知性の本質かというと、コミュニケーションの対象となっている相手が世界のなかでもっとも予想がむずかしいものだからなんですよ。つまり他人の心というのは人間が向きあうもののなかで、もっとも重要であり、もっとも予想しにくいものに入るんじゃないですか。知性の本質って、いかに予想がむずかしい新しい状況に柔軟に対応できるかということですからね。

（『脳の中の小さな神々』聞き手・歌田明弘、柏書房、二〇〇四年）

人間世界のなかで、いちばん難しいことは、相手の胸の内を推測することだといっているんです。そしてそれを最高の「知性」だと。だからそれを逆にいえば、相手のこと、周りの人のことを慮《おもんぱか》ることのできない者は、無知性のダメ人間ということになる。とこれは、養老孟司が『バカの壁』でいう「常識」(「非常識」)的な人間とそのまま通じていて、このことは脳科学の問題でもある‼

……他者への慮《おもんぱか》り、すなわち気遣《きづか》い、心配《こころくば》りがいかに大切か……他人を頭においていない者の脳は、本当には働いていないことになる、コミュニケーション機能を喪失しているのですから。ですから脳を活性化させるには、自分以外の他人のことをしっかり考えられる人間にならなければならない。教育する立場の人間としては、そのことをしっかり頭において、他人の心をもしっかり捉えられる人間を育てなければならない。そうなると思うのです。「個性」を強調することによっては、個性的な脳の練磨・育成は不可。このパラドックスをしっかり肝に銘じておかないと、思いとは反対の非社会的な我侭勝手人間をつくりだすことになってしまう。心すべきことです。

四　学力低下と脳の働きの問題

そこでつづいては、これまで申し上げてきた脳の働きについての問題を、現在、世間といいますか、教育界でも騒がれている「学力低下」の問題とつなげて考えてみます。

まずは、問題の端緒は、「学力」をどう捉えるかの「学力観」になると思います。

さっきコミュニケーション能力について、それを知性の本質として捉えた脳科学者の茂木はどう考えているか――同じ一連のインタビューのなかでこう答えているのです。

さきほどの引例につづいて、「学力観」に照準を合わせて、彼の言説を継ぎ合わせてみます。

（……）重要なのは、人間の知性の通り道はいっぱいあるということですね。最終的な目的は社会のなかでなんとか楽しく創造的に生きていくことで、そこに至る道っていうのはひとつじゃない。いまの学力観がまずいのは、方法・メソドを固定しちゃおうとしていることですね。方法は複数あって、人によってそれは違うはずです。（傍点　畑島）

――ドリルをやらせればたしかに計算は得意になるから、親はこれでうちの子どもは頭がよくなったと思うわけですね。

茂木　ああいうので鍛えられる脳のモジュール（寸法あるいは機能の単位。［注　畑島］）もあると思うんですよ。ただ、それは知性とほとんど関係がないと思うんです。（中略）ドリルみたいなもので世界全体を埋め尽くせるわけがない。与えられたドリルをこなすことが重要なのではなくて、無限にあるどうしていいかわからないようなもののなかで、私にいま必要なのはこっちなんじゃないかなって嗅覚で先に行くことが必要ですよね。それこそがまさにコミュニケーションの能力と共通した脳の働きなわけです。「確定した答えがある」とか「この時間内にこれをやる」とか、決まっていることをやるのは脳にとってそんなにたいへんなことではなくて、いちばんたいへんなのはその先どうすればいいかわからないときですね。

（中略）日本人にいま一番必要なのは、どうなるかわからない不確定な状況を切り開いていく知性なんですから。

（……）ようするにコミュニケーション技術のほうがドリルよりもよっぽど知性っていうものには近い。養老孟司さんも「教養とは他人の心がわかることだ」とか言っているけど、あれと同じですね。関係性をとおして人間って劇的に変化していく。教育っていうのは人を変えるためにあるのに、いまの親は、「人間は変えないで知識だけ与えてくれ」と言うんだけど、それは無理な話ですね。

茂木の脳科学的な視点に立てば、いま行なわれている「学力観」のまずさは、全ていいあてられていることになる、と思うのです。

さっき自他のコミュニケーション関係のことをいいましたけれども、いわば人と人との関係性をおいてしか、人間は成り立ち得ないし、またその関係性なくして、人間の脳は働かない。「学力観」の問題も、前の項でいった終わりの結論と、そっくり繋がっているのです。茂木は養老孟司の言葉を挙げていますが、この本（『脳の中の小さな神々』）の帯には、こんな言葉が書きだされているのです。「あたりまえのことが、実は一番ムツカシイ。」……これは、養老孟司の〝あたりまえ論〟のキャッチフレーズに相当する言葉でしょう。

それはそれとし、ズバリ、脳の機能ということで申しますと、中田力《つとむ》という脳科学者は、『脳の方程式＋αぷらす・あるふぁ』（紀伊國屋書店、二〇〇二年）で、つぎのようにいっているのです。

脳の構造の中で使い方に自由度が高く、かつ、人間特有の脳機能に重要な脳の部分は前頭前野である。深く考えることを繰り返せば繰り返すほど、前頭前野の賦活（機能を活発にすること。［注　畑島］）がスムースになる。

単なる記憶と運動のための活動は、あまり、前頭前野を賦活しない。暗記を重んじる教育ばかりを受けた人間は、前頭前野を使う能力が上がってこない。決められたことを単純にうまくこなすだけの努力をおこなう線形行動では、前頭前野を必要としないのである。その効果は、年齢を増すごとに顕著になる。前頭前野を賦活する能力が低下する。

統合失調症（精神分裂症）の患者さんで何度となく確かめられている現象は、前頭前野の使い方が少ないことである。暗記教育を推し進め、画一化を尊び、線形行動を押し付ける日本は、いったいどのような人間に国家の将来を任せようとしているのであろうか？

「暗記教育」の全否定ですね。脳の働き、すなわち、前頭前野を刺激しない教育、いってみれば、偏差値的な記憶中心主義の詰め込み教育は役に立たない、といっているんです。

さきほどの茂木健一郎の言葉でいうと、いまの親は、「人間は変えないで、知識だけ与えてくれ」といっている——そのことに象徴される学力に対する錯覚ですね。いま象徴といったように、それは、親たちだけではないのです。文科省、ひいては大学の先生を初めとして、世の識者たちのあいだでも、間違った錯覚のままで、勝手気侭な議論をまことしやかに振り撒いている人が、いっぱいいる。……〝受験勉強神話〟からの脱皮が、いかに難しいかということでしょう。

五　現在《いま》求められている人間の能力

わたくしは、そのままのかたちで、現在の「ゆとり教育」を肯定しているのではありません。（世の論者たちと違った意味で厳密には否定の立場です。）時間数の確保というような類《たぐい》のことであれば、それは知恵と工夫の仕所ということで、考え直す余地はいっぱいあると思います。しかしそれは、正統な意味での「学力」の保証ということからは、本質的にはずれている。誤った「学力観」を規準にしてはならない。さきほどからいっているのは、正しい「学力観」の捉え方で、その意味からするなら、巷《ちまた》でいわれているような「学力低下」が現前しているとは思われない。これから「まとめ」としてお話しするのは、そのこととかかわって、いまどんな人間の能力が求められているかについてなのです。

小・中学校の週五日制についての、ＰＴＡ全国協議会の調査結果が、五月十八日（二〇〇五年）の「読売新聞」に出ています。しかしこれは、「学力確保」と「時間数」の問題ではあっても、そのことの内容であるべき「学力の質」については全く触れていない。……役に立たない「学力」を、いくら「時間」をかけてやっても、それは時間と労力の無駄というもので、ですから、つけるべき区別はしっかりつけて、そこでの本当のやるべきことに知恵と工夫を凝らしていかなければならない。……しかし極めて残念なことは、「学力低下」問題を誤った理屈で短絡思考的に捉え、これまでの「新教育課程」の目玉といわれていた「総合学習の時間」までをも槍玉に上げている――これなどは大問題で、その認識不足の非こそが問い糺されるべきだと思うのです。

現在行なわれている「総合学習」が、満足な状態であるなどとはわたくしも思っておりません。しかしそもそもの「総合学習」は、「学んだ知識を実際に生かすことを目的としている」いわゆる課題探求の学習で、その学習方法によって得られる課題解決能力こそに意味がある‼　それを「新教育課程」においては、「生き方を考える」

すなわち「生きる力」の総集篇的な学習として捉えていたはずなんです。

当時、「新教育課程」の立案─実施者たちが、わたくしが先からいっているような「脳科学」の問題を頭に入れていたはずはありません。が、いまこの時期にあって、この時点で、そのことをも視野におき、なおそれを戦後教育的な問題としての「常識」すなわち「バランス感覚」などとも結びつけ、いまどう考えているか、どう考えようとしているのか──。残念ながら「学力低下論者」たちの認識のなかには、そんなことは全くないと思います。いわゆるペーパーテストの結果だけが、頭の芯《しん》にこびりついていて。しかも、データそのものにしっかりした根拠のない、そんなものを材料にしながらの。物事の道理を、トータルにいわゆる「総合的」に考えることのできない──処断的にいえば、論外中の論外だとわたしは思っています。

……〝過激〟なことをいい放ったところで、話の視点を変えてといいますか、いや話を元に戻して、こんどは「記憶」についての脳の働きを引き合いにだしながら、「学ぶべきこと」ということについて考えてみることにします。

皆さん‼　旅先などで、目の前の風景に触れ、「あ、これはどこかで見たことのある風景だな」とお思いになったことはありませんか？　……三木成夫《みきしげお》という発生学者は、それを「内臓感覚」が引き出した「生命記憶」だといっているんです。もちろん当時としては仮説としてではありましたが、（ちょっと註釈を加えますと、「内臓感覚」という言葉自体が耳慣れない言葉なんですが、）三木は、五感といわれる視覚・聴覚……などの他に、直接「心」と結びついている感覚がある──そう考えたわけです。そしてそれを「内臓感覚」だと。いわゆる体内臓腑の記憶ということですね。……それが、まだ実際に見たことのない風景に触れて、見たと感じさせる。「内臓感覚」によって導きだされた「生命記憶」だといっているんです。「血」による記憶といいますか、祖先の誰かが見た風景の記憶が、いま蘇ってきているんだと。……そして、いま「蘇ってきている」といいましたが、それこそが大切なんです……。

20世紀の末葉から遺伝子学（分子生物学）、生命科学、脳科学等が一気に開花しました。そんな間で、かつて「血の記憶」といっていたようなことが、「遺伝子」による記憶であると分かってきた……。

ここで遺伝子のことは、ちょっと横に置きます。そして、人の出生《しゅっしょう》以後ということで話を先に進めます。

人は、いろいろな経験を積み重ねていくことによって、脳にそれを記憶させているのです。そして、長期にわたって蓄えられている膨大な量の記憶を名付けて「長期記憶」と呼んでいるのです。

ときにその経験的な総量としての「長期記憶」に対して、正反対の「短期記憶」と呼ばれている記憶のタイプがあります。正確には学者が「短時間の情報把握能力」といっているものです。山鳥重《やまとりあつし》という脳科学者は、「とりあえず収容できる情報量の総量」ともいっています。その「短期記憶」の別のいいかたが「ワーキング・メモリー」と呼び慣わされているもので、いわばその（“working memory”）を直訳すると「運転記憶」ということになるのだと思います。「その場その場の一時的な脳の働きを支える記憶」という意味です。

ここで話に正確さを期す意味で、先からたびたび引用しております茂木健一郎の、そのことに触れての言説を借りることになります。「――見渡すためには一時的に記憶を蓄える必要があると言われましたね。」という質問に対してこういっているんです。

茂木　ワーキングメモリーは重要なポイントです。ワーキングメモリーのあるところは自我の中枢といわれている前頭葉なんですが、その点に重大なヒントがあるようなんですね。

このところ情動系と記憶のシステムの関係がわかってきた。長期記憶として安定した記憶があっても、いまの行動に使うためにはワーキングメモリーに引き出す必要があるんです。ワーキングメモリーは一度に一個というか、ひとつの塊のものしか蓄えられないんですね。だから、何かの活動をしているときにワーキングメモリーに何があるかは重大な意味を持つ。膨大な記憶があるわけですから、いま自分が何を思い出しているかは生活の質をあげるためにものすごく重大な意味をもっています。ワーキングメモリーに引き出すものをどうやって決めているかというと、情動のシステムがやっているんです。これを思い出したい、これを思い出すといいことがあるという強い欲望というか動機づけがあるときには、その記憶が出てくるんですね。かならずしも意識的にそう思っているとはかぎらず、脳が何らかの理由で記憶を引き出したいと思ったら、その記憶が出てくるんです。

前に、脳科学というときの「知性」ということを、同じ茂木の言説から引きましたが、その「知性」が「コミュニケーション能力」と深い関係がある、といったことを思い出していただきたい。ときに「コミュニケーション」というときそれは「言葉」によって行なわれます。その言葉には二つの大きな機能があって——

• 一つは——言葉による意志の通じ合い。
• あとの一つは——言葉によって、物事を深く考えるという思考機能です。（ほかにイメージ思考などということもありますが。）

さきほどの中田力《つとむ》の説による、深く考えることを繰り返すほど、前頭前野の働きは活発になる、と申し上げましたが、そのこともまた、大いに関係してきます。いま目の前のこととして直面している問題をどのように解決していくか、というとき、「長期記憶」のなかから、そこでの必要に応じて、一つもしくは、一つの塊としての記憶が引き出される。そして、それにつづいて引き出された記憶を材料にして一つの判断を下す。ここが大切です!! 無限というか、未知の世界として拡がっている現実的な課題に対して、一つの判断行為を行ない、そこから先の進むべき方向、仕方を確定していく。……それを別の言葉では「知性」とも呼び、またそのことは、他人の胸の内を察するという、対人関係とも結びついている（いた）!! ……いわゆる「ドリル的な知識」というより、それは「コミュニケーション機能」に限りなく近くて、そのことがいま届き得ている〝新学問〟のなかで、分明化されてきている!!

……そしてここで落としてならないのは、つぎなること、――「知識」「知性」というとき、その理屈の領分の精神的な働きとは対極（対概念）のはずの「情動《エモーション》」すなわち「感情」の働きが大きく絡まっている……なおそこで引き起される「直感」が大きく作用している――これはこれまでの人間の心の動きにかかわる学問的な理解を、大きく覆すといっていいほどで、今世紀的とすらいっていい最重要な学問的事実なのです。（……世の学力低下論者などはこの学問的な事実を、どのように受けとるか、受けとっているのか。）そして行きつくところは、「最高の知性」といわれていることの意味――それは他人の胸の内が分かる、という極めて単純至極なこと……いってみれば人と人との対人関係としての「コミュニケーション機能」――知識の詰め込み、ドリル学習などとは丸反対の「人間としての慮《おもんばか》り」ということになる!! （先走っていえば、戦後の教育は、「個性」の伸長を強調する余り、肝心の〝社会性の陶冶〟を忘れていた。）

ここまできたところで、脳科学についての話を、直接の教育問題に還すことにします。

結論めいたことをいうなら、いま教育の場において一番求められなければならないことは、他人の気持ちを分かることのできる人を育てるということ——それはそのまま、世の慣いとか、世間の相場といわれるものとも繋がっていて、いわゆる「常識」（コモンセンス）こそを、しっかり身に着けさせる。個人—個性といわれるようなこととしてのオリジナリティーなど、ずっとずっと先のことで——ここでの主題である「あたりまえのことを、あたりまえに考え、行なう」ことをいかに血肉化させるか——。約《つづ》めていえば「教育」とは、そのことの大切さを「教える」ということ、それ以外の何者でもない。そうなると思うのです。……であるのにもかかわらず、教えるべきことをきちんと教えないで、やれ「個性」だ、「自主性」だ、「主体性」だといって肝心のことをスポイルする。「子どもに自ら考えさせる」と称して、手をこまぬいたまま何にも教えないで、傍観している。「思考」の大切さをいうのなら、その「思考の仕方」をこそ教える——そしてそれを、そのことを指して「教育」（学習）というのでしょう。初めにいった実践の神様といわれた大村はまのばあい、脳科学のことを知っていたはずはありませんが、直感的に「教える」ということの本質を識っていた。そしてそれには「教師」としての熱情的な「情動」も大いに絡んでのことだと思うのです。

六　まとめ

——「生きる力」について

話を自分の方に引き寄せ過ぎましたが、ここからきょうの話の纏めにはいります。

六月十九日（日）（二〇〇五年）「読売新聞」一面トップに「総合学習いらない」「中学教師の6割」という記

事がでました。文部科学省による「義務教育に関する意識調査」の結果の記事です。38面には「土曜・夏休みの補習について」という関連記事もでていて、このことについてのジャーナリズムの関心の深さが窺われます。一面記事の書き出しはこうなっています。

「ゆとり教育」見直しの焦点になっている「総合的な学習の時間」について、中学校教師の約6割が「なくした方がよい」と考えていることが18日、文部科学省の「義務教育に関する意識調査」で明らかになった。準備に手間がかかると回答する教師が多く、「国語や数学などの学習を重視すべきだ」という声も中学校教師全体の8割から上がった。

文部科学省の掲げるキャッチフレーズとしての「ゆとり教育」が問題なのではなくて、そもそも「総合学習の時間」とは何か、ということがことの核心のはずで、それと「国語や数学などの学習を重視すべきだ」という声の中身としての「基礎学力」、また「学力観」そのものについての捉え方の問題——そうなると思うのです。改めて「学習指導要領」をとりだしてみると、「総則」の「教育課程編」の「一般方針」はこうなっています。

学校の教育活動を進めるに当たっては、各学校において、児童に生きる力をはぐくむことを目指し、創意工夫を生かし特色ある教育活動を展開する中で、自ら学び自ら考える力の育成を図るとともに、基礎的・基本的な内容の確実な定着を図り、個性を生かす教育の充実に努めなければならない。

「生きる力」の育成を否定する人など一人もいないはずなのです。中身はともかく、間違ったことは何も書いてありません。「基礎学力」のこともきちんと書いてあります。問題は、そのこと自体の捉え方と、行ない方‼

時間がありませんので、「生きる力」についてだけ端折って申し上げます。

わたくしは、この新聞記事がでたとき『脳と創造性』（茂木健一郎、PHP研究所、二〇〇五年四月五日）という本を読んでいました。そしてどこを読んでも開いても、「生きる力」の必要を説いている、といっていいほど――そのなかの一個所だけを引いてみます。

　新しいものを生み出す創造性は、そのような「直感に基づいて」生きる力と直結している。答えの決まった問題ばかりやったり、徒《いたずら》にルールに拘泥《こうでい》するのは、まさに出来損ないの人工知能である。自分の身体を使い、直感を働かせ、決断し、行動する時にこそ、人間はもっとも創造的になることができるのである。（傍点　畑島）

「生きる力」という言葉を使っていますが、文部科学省の片棒を担いでいるわけではないのです。「身体性」「直観力」「決断力」「行動力」「創造力」といっているのは、そのまま「学習指導要領」の「自ら学び、考える力」の内容に相当しています。それを21世紀最先端科学としての脳科学者が、「総合学習」のねらいである「学んだ知識を生かし」「児童・生徒が、特定の課題を探求し、自分の生き方を考える」――そのことを別の言葉で、代弁してくれている――そういっていい‼

説得力を持たせるために、別の脳科学者の引用もしておきます。

教育とは結局、頭に知識をいっぱいに詰め込むことではなく、生きていくうえでの必要な脳の回路を鍛え上げることだ。鍛え上げることで、脳の回路は自在に働く。

（『やわらかい遺伝子』マッド・リドレー、中村桂子・斎藤隆央訳、紀伊國屋書店、二〇〇四年）

これは、イギリスのサイエンスライターの言葉で、先にいった脳科学における〝知性論〟としての「知識詰め込み」否定に通じる言説です。

つづいては、『教育とは――イギリスの学校からまなぶ』（小林章夫、NTT出版、二〇〇五年八月二十九日）という、でたばかりの本から――。ここでは、「イギリスの教育」の中心命題にかかわって書かれています。

問題解決の方法を身につける

このように授業を傍から見ていてわかったことは、少なくともシックス・フォームでは、ものの考え方を鍛えることに重点が置かれているという点だった。つまりこれまでにも何度か述べたように、知識を総花的に教え込むことに授業の目標があるのではなく、ある一つのテーマを材料として与え、それをさまざまな角度から検討することで、問題解決の方法を身につけていくことに、何よりも力点が置かれているのである。

わたくしたちの間でも、かつて声高に叫ばれていた「問題（課題）解決学習」と呼ばれていたものと同じ考え方、ないしは方法論です。小林は、一連の文章のなかでは、現在行なわれている「総合学習」（総合的な学習の時間）には否定的です。しかし、考え方の基本は同じで、ただ「総合学習などという漠然としたテーマでは、生徒はもちろんのこととして、教師の側が困るのは当然のことなのである。」といっているのです。いわば方法上の不徹底性の指摘であって、要は、そこでの力点のかけかたということになると思います。

話を日本的実状に還しますと、右いくつかの引用からも分かるように、いま「生き方の探求学習」が否定されなければならない謂《いわ》れはどこにもない!!　克服されるべきは、その行ない方、行ない方の工夫とその徹底化!!　それが根拠もしっかりしていない資料を元にしての「学力低下論」などと絡んで、あらぬ方向に進みつつある!!　……ことの非を他人のせいにしてはいけないのです。国家の方向を見定めなければならない行政が、右往左往していてはいけない。結果としていちばん困るのは教育現場。「学力論（観）」など、もう一度原点に立ち還って洗い直し、勉強し直して、新たな再出発をしたほうがいい。行政のみならず、教育関係学者の皆さんもなべて。わたしが、脳科学や、それに加えて遺伝子学からの言説を借りながら話を進めてきたのは、それらの学問が、20世紀末葉から急速に展けてきた最先端科学としての学問領野で、これまで至極観念論的に仮説としてしかいわれていなかったことが、実証的に分明化されつつあるから。それを皆さんにも識って欲しかった!!　そんな思いからなのです。

最後に、ことのついでに、「学習指導要領」が「思考力」とか「個性」とかといっていることについて、それを別の脳科学者の言説と結びつけ、念押しの意味を込めて話をしておきます。

前野隆司という脳科学者は、こういっています。きょうの話の冒頭で申し上げた「個性」について——。

> あなたがどんな環境に身を置き、どんな体験をし、何を脳の内部に記憶し、どんな思考をするかによって、あなたの小びとたちは、よりあなたの小びとらしくなっていく。これがまさにあなたの個性となり、自分ら

しさになる。

面白いことを考える小びとが育っていれば、あなたはユニークで創造的な人になっているだろう。正直な小びとが育っていれば、あなたは誠実な人だろう。行動的な小びとが育っていれば、あなたは社交的な人だろう。負けず嫌いな小びとが育っていれば、あなたは前向きにがんばる人だろう。

（『脳はなぜ「心」を作ったのか』筑摩書房、二〇〇四年）

ここでの引用のなかの語彙を拾っていくと、環境↓体験↓記憶↓思考というルートの結果としての「個性」ということになります。

ここでいっている「小人」とは、意識化されるまえの無意識のこと。ときに主題の「個性」とは、深い思考力や判断力に支えられてのオリジナリティーのことで、それは「無意識」という名の「小人」の育て方ということになる——そういっていると思うのです。だから意識的に無意識を鍛える‼「新しいものを生み出す創造性」（茂木健一郎）「問題解決の方法を身につける」（小林章夫）「生きていくうえで脳の回路を鍛える」（マッド・リドレー）と、それぞれの人がそれぞれの言い方でいっていることの結果は、未知の新しい世界に向けての人間能力の収斂化《しゅうれんか》であって、それが適切に行なわれたところで、その人ならではの「自己同一性《アイデンティティー》」が生みだされていく——。

そしてそれは特別のことでもなんでもなくて、「常識」に還るということ。いや、より正確にいえばそこを出発点として創造力を発揮していく‼　さらに別のいいかたをするなら、自らのおかれているこの不確実極まりない世界をどうやって生き抜いていくか‼　それは未知を切り拓いていく「知性」を、どう鍛えていくかに繋がっているはず、……というとき、他人の胸の内を慮《おもんぱか》る常識（コモンセンス）こそが全てのベースを築いていることになる。……そのことの結果のうえに、（もしあるとすれば）この人でなければという個性、すなわち生きている人としてのオリジナリティーも築かれていく。それ以上でも以下でもなく!!

……ですから、いちばん手近で、いちばん手堅い教育の方法は、まずは、あたりまえのことをあたりまえにやれるように、その仕方をしっかり教える。過干渉でも、過保護でもなく。教えられたことを教えられた、と気づかれ（せ）ないで、自分の力でやったと思わせ（れ）る教えかたができれば、それが最高のやりかた。戦後教育の象徴的な国語教育の実践家大村はまは、「仏様のように教えたい」と、それを願い続けた……。

最後に一言――「子どもに自ら考えさせる」などと無責任なことはいわないで、第一級の教え方ができる教師を目指させる!!「教育とはまさしく人」ですから、その「人」を育てるより外に、どんな教育の仕方も方法もない、ということ。教育行政に携っておられる指導的な立場の皆さんのお仕事は、そんな役目柄だと思うのです。ですから夢、――不勉強な国家官僚や学識経験者の言説に振り回されて、教育の現場を混乱に陥れるようなことがあってはならない。きょうはその歯止めの役としての話をさせていただいたことになります。

子どもとは何か
――詩でつづる子ども観

一　はじめに

わたくしは小学校の教師を四十一年間やっていました。それも、子どもの書く詩、すなわち「児童詩」の教育を、指導の中核に据えながら。そんな自分の教師の歩みの一環として、「子ども」とは何か、また「子どもの言葉」とは何かについても、それなりに研究してきたつもりでいるのです。

大学教師時代の十年間は、子どもの詩（児童詩）、子どもに読んで聞かせるための詩（少年・少女詩、童謡）、おとなの詩（近・現代詩）と、「詩」と名のつくものは全てやってきましたし、現在では、それら――詩とかかわっては、少年・少女詩の批評を軸に仕事を続けています。つぎに掲げる著作物は、そこでの仕事の一端です。

- 『日本の少年詩』Ⅰ・Ⅱ・Ⅲ、（リトル・ガリヴァー社、二〇〇二年〜二〇〇三年）
- 『新しい日本の少年詩』Ⅰ・Ⅱ・Ⅲ、（てらいんく、二〇〇四年〜二〇〇六年［以下続刊］）
- 『子どもに向けての詩のつくりかた入門』（てらいんく、二〇〇六年）
- 『やさしい幼年詩・少年詩のつくりかた』（てらいんく、未刊）

こんな自己宣伝めいたことをいっているのは、「子どもの言葉」については、自分としては一生懸命勉強してきたつもりで、それに併せて、「子ども」についても、理論・実践の両面から、それなりの研究をしてきている、という思いがあるからです。

そこで前口上はこれくらいにして、標題に沿っての話を進めていくことにします。

二　三歳の幼児の発した詩的なことばに導かれて

ママ

田中大輔（三歳）

あのねママ
ボクどうして生まれてきたのかしってる
ボクね　ママにあいたくて
うまれてきたんだよ

（「読売新聞」家庭欄　一九八二年九月十六日号）

三歳の子どもが発したことばです。それを、母親が書きとって、詩のような行分けの形に記録して残したものです。

わたくしたちの国には「赤心《せきしん》」という素敵なことばがあります。「偽りや飾りのない心。まことの心。真心」と辞書（『広辞苑』）には出ていますが、「赤心」の「赤」とは赤ちゃんとか赤子というときのそれだと思います。聖書にでてくる「幼な子の如くあれ」というキリストの言葉も、本当はその赤ちゃんのようで、混じり気のない純粋性とか無垢性の尊さを言ったのだと思います。

大輔くんは三歳ですから、赤ちゃんではありませんが、それに近い存在で、そこでの「赤心」が、この詩的な言葉を吐き出させた、ということになるわけです。いま吐き出させたと言いましたが、蚕が絹糸を吐き出す態《さま》を、オーバーラップさせてくださると、イメージはいっそう神秘的かつ鮮明になると思います。

この「愛の真理」とでもいっていいことばを、三歳の子どもが自然発生的に吐き出す――。

この種の幼児のことばについては、よく自然流露という言葉を専門家の間では用いますが、同じような専門的な言い方でいいますと、この手のカタコト詩を〈魂〉の表白《ひょうはく》といいます。それほど幼児の吐露したことばは、哲学的で、それを巧まずサラリといってのける、という意味では、巫女《みこ》的といっていいのかもしれません。

大輔くんは、生《せい》の目的とでもいう出生のいわれを、母との愛と結びつけさせて、その愛の対象である母親に告げているのです。考えてみると、これは大変なことで、母子という親子の繋がりの哲学的な課題をいとも簡単に解くとはどんなことか。ここから、子どもという名のいのちの神秘の問題が、さきにキリストの言った「赤心」の問題とも結びついて、宗教的な色彩さえも帯びてくることになるのです。

三　子どものことばに着目した北原白秋という詩人

わたくしたちの国で、子どもの言葉に最初に着目したのは詩人の北原白秋です。大正という時代での当代一流の詩人で、「赤い鳥」という児童文芸雑誌にかかわるようになって、素晴らしい子どもたちの言葉を発見することになるのです。

「赤い鳥」で、近代童謡という新しい文芸ジャンルを作り出すのですが、それに併せて、伝承童謡と呼ばれている童唄の発掘に努め、そこで、古い日本の子どもたちの素晴らしいことばに出合うことになるのです。

たとえば、このような童唄に――。

蜻蛉《とんぼとんぼ》々々
おらちやちや（俺の母）の
乳の疣《いぼ》にとまれ

河の神様
おら、まだ子供《ぼぼ》だ子供《ぼぼ》だ。（河に向かって小便をしている態《さま》）

猿の尻《けつ》は真赤《まつか》いな
牛蒡焼いておつつけろ

お月さま桃色
誰が云うた
あまが云うた
あまの口引き裂け

白秋はまた、童唄の中で、つぎのような子守唄にも着目しました。

おろろんころろん言うて
ねる子の可愛（むぞ）さ
山へ行たて柿買うて
包丁借つて皮みいて
ねる者には実くわする

ねらん者には皮くわする。　〔福岡〕

蜻蛉《あげず》が蜻蛉《あげず》が
蜘蛛の巣に縋《えんず》まれて
ここで暮らすか、やみやみと。　〔宮城〕

さらにまた白秋は、外国の子どものことばにも関心を向けました。「マザーグース」というのは、イギリスの童唄ですが、それを翻訳して広げたのも白秋なのです。

　お山の大将
見ろやい、ひと飛び、
俺や此処だ。
誰も来れまい。
俺ひとり。

大正十年、白秋家に子どもが生まれます。すると、その我が子が、正に詩という詩のことばを発することになるのです。

パパの書斎

林檎のにほひがしますね。
パンのにほひがしますね。
煙草のにほひがしますね。
パパのにほひがしますね。
〔二歳十か月〕

太陽さん

緑と赤だ。
太陽さんかしら。
林檎だ。林檎だ。
林檎だ。林檎だ。
林檎だ。
〔二歳十か月〕

何だか

坊や何だかさみしい。

さみしい。さみしい。
坊やかなしいの。
〔満三歳〕

筍

筍が散歩してゐたの。
筍が散歩してゐたの。
〔三歳一か月〕

空

おうちのお空、綺麗。
大森。お空無い。
〔二歳三か月以後〕

余分な解説はつけませんが、白秋が子どものことばにのめりこんでいくのが、わかってもらえるのではないかと思います。

最初に紹介しました三歳の田中大輔くんの詩を、お母さんが採集したのも、北原白秋という大詩人が、子どものことばに牽かれて、口頭詩とか、カタコト詩とかいわれている幼児の詩的なことばの採集ということに先鞭をつけたからなのです。

四　与田準一という児童文学プロパー詩人の子ども観を端緒に

時代を大正から昭和に移して、こんどは児童文学者が、子どもをどのようなものとして捉えていたかについて考えてみます。とりあげるのは白秋の高弟の与田準一です。

与田準一は、子どもに向けての詩を書くと同時に、昭和十八年には『幼児の言葉』（第一書房）、また、その前年の十七年には『子どもの構想』（帝国教育出版部）という、子どもないし、子どもの言葉にかかわる本もつくっており、「子ども学」といいますか「児童学・児童言語学」にも造詣が深くて（詳しく申し上げると、何冊もの本になるような方なので、子どもに関して）一言でいうと、「子どもはいつの時代でも文明人ではない」ということばに象徴される子ども観を示したということです。子どもの純粋性、無垢性、始原性をなによりも大切なものと考えたのです。ですから、「文明人でない」ことの裏返しとして、文明に汚濁されていないという意味で、「子どもはいつの時代でも、その最先端にいる」と、子どもの人間性的な〈魂〉の新鮮さを讃えました。

その児童観を文明論として書いたと思われる詩を紹介しますと、「牛のツノ」になるわけです。味わい深い詩です。

牛のツノ

与田準一

牛にはツノがなかった。

ある日、

小さくおこると小さいツノがはえた。
大きくおこると大きいツノがはえた。

牛はおこったりおこらなかったりした。
ツノは出たりひっこんだりした。

そのころ、
花と牛はお話ができた。

牛にはツノがなかった。

何万年か、たった。

牛には曲《ま》がったツノがはえていた。
ツノには花アブがとまっていた。

牛はきっと千年くらい
おこりつづけていたんでしょう。

ツノは曲《ま》がったッきり、
花アブは毎日そこであそんでいる。

(「コドモノクニ」東京社、昭和十五年一月)

細かな詩の解説はいたしませんが、わたくしは『与田準一の珠玉の詩――その〈魂〉の真実』(リトル・ガリヴァー社、二〇〇一年)にこう書いています。

一九六〇年代の初め〝文明人〟たちは、三つの新しい人間を発見した。Ph・アリエスによる子どもの発見(『〈子供〉の誕生』)〔一九六〇年〕、M・フーコーによる狂人の発見(『狂気の歴史』)〔一九六一年〕、C・レヴィ=ストロースによる未開人の発見(『野生の思考』)〔一九六二年〕の深層的人間の新発見である。「近代ヨーロッパのヒューマニズムが自分たちの社会の内部と外部に見忘れてきた深層的人間」と、哲学者の中村雄二郎はいっているが、それは六〇年代半ば以降、フランス思想界を中心に席巻した「構造主義」の内容をかたちづくるものとしてである。

ときにわたくしたちの国の児童文学者である与田準一は、昭和五(一九三〇)年、「いつの時代でも子供は文明人ではない」(「乳樹」十冊)と、七十年以上も前に、新しい文明論的児童観を披瀝《ひれき》していた。そしてその作品化が、ここでの少年詩「牛のツノ」とみていい。

そこで続いては、文明人ではない幼児の始原性の延長としての小学校低学年生の詩を紹介してみます。

　　さかな

　　　　二年　　たきぐち　よしお

さかなは、
目を　あいたまま
しんで　いる。
きっと
たべられるのまで
見ようと
して　いるんだね。

（『現代子ども詩集』畑島喜久生編、鳩の森書房、一九七二年）

まど・みちおという詩人は、「隠された魂の奥で燃えているいのちの炎」と絶讃しています。「三歳の田中大輔くんの延長上に、小学二年生としてたきぐちくんの詩的な言葉が連って存在している」といっていいと思います。
そこでこんどは趣きをガラリと変えて、与田準一の文明論的子ども観、それに併せての低学年生の死生観を抱き合わせたような、おとなの現代詩を紹介してみましょう。

あいさつ

北原悠子

おまえは
毎朝　はじめてのように
太陽とあいさつを交わす
毎夜　初めてのように
月とことばを交わす

おまえは
どの星からも
最短距離にいる
喜びと悲しみの虚空《こくう》を
一瞬のうちに行き来する

そして
だれよりもまぶしい光と
だれよりも深い闇を
手に入れる

（詩集『子どもの宇宙《コスモス》』私家版、一九九七年——以下同じ）

文明論的な子どものいのちをみごとに捉え得ているとおもうのです。
つぎも同じ詩人の詩です。

原初《はじめ》の記憶

北原悠子

太古《たいこ》——
地球が誕生して以来
生きものは　みな
小さな一個の細胞を
分けもってきた
風の囁きに導かれるまま
生きてきた

おとなたちは
もう忘れてしまっている
海がなつかしいのは

　　むかし魚だったから
森がこいしいのは
　　むかし樹だったから
空にあこがれるのは
　　むかし鳥だったから

人間のカタチを生き始めたばかりの
おまえは
原初《はじめ》の血の記憶にうながされるまま
花々や虫たちとたわむれる

この詩は、詩人による単なる夢想ではありません。「個体発生は宗族発生を繰り返す」という三木成夫《みきしげお》という発生学者からすれば、それは当然のことで、別の言葉でいえば、「DNA的記憶」ということになります。（ここで、理屈っぽいことを省略する意味で、わたしの下手な詩を紹介しておきましょう。）

シンプルな構造の混沌

「ウオナラウオト

ハッキリイッテヨ……」
「宗族の論理」に誘われて
ポリネシアの太古を彷《さまよ》ってみる
――個体発生は系統発生の短い反復である*1
だからそこはシンプルで
「海」と「陸」しかない
ウオもヒトも
みんな海から陸の方に肉体《からだ》を向けている
ウオと
ヒトは
それぞれの独立《ポーズ》を保ちながら
周り中の景色と融け合い
コトバもまたシンプル
肺腑からではなく腸綿《はらわた》から叫び出され
――個体発生は宗族発生の象徴劇である*2
「ウオナラウオト……」
なんて
さっきは

「ゴメン！」

＊1＝ヘッケル
＊2＝三木成夫

人間のいのちとか魂とかといわれるものとかかわってのカオス的な世界といいますか、そこでの混沌の意味を問おうとしているのです。そしてわたくしも、白秋や与田準一、北原悠子と同じように、子どもを自らのいのちの支えかたのモデルにして、これまで教育的な営みを続けてきていたつもりです。そして、そんな混沌的なシンプル性を生きている子どもは、田中大輔くんや、たきぐちよしおくんを経過して、やがてつぎのように成長していきます。しかしこれは、自然性的な魂やいのちと、非自然的文明との闘いであって、それに打ち勝つと、「詩的」といわれる詩のようなことばから、「詩」即ち Poem を書くようになるのです。

緑

豊原清明（十八歳）

僕はしぜんが欲しかった
やがて革命が起こるだろう
発狂しないように
小さな子供を

草に転ばせる

冷たい地獄のこの暑さよ

僕は色々な旗を持っています

（第一回中原中也賞　一九九五年）

みなさんは、この詩をどのようにお読みになりますか？

五　世界的な識者たちの捉えた子ども

こんどは散文的文章による子どもと、子どものことばについての紹介です。
これは、さっきの下手なわたくしの詩の根拠になっている理論的な考え方でもあります。

心理学や精神医学では、個体の発生と宗族の発生、すなわち、受胎してから体内で暮らして、体外に出るという個体の発生と、原始共同体や未開の共同体の歴史的発生はある程度対応づけが可能ではないかという考え方が一般論としてあります。生まれてから一歳までの問題、個人の乳胎児期の問題は、歴史的に言えば未開社会の前期における一種の宗族が持っている精神の働かせ方、行動の仕方とパラレルに、ある程度は対応づけができるのではないかという考え方があるわけです。

（「週刊読書人」吉本隆明、戦後五〇年を語る――「個体発生と宗族発生」一九九七年十一月十四日）

わたくしたちの国で、子どもをこのように思想的に捉えることができるのは、吉本隆明が第一人者ではないかとわたくしは思っています。

つづいては、画家、哲学者と……、深く人間の精神にかかわる、そこでの〝巨人〟たちの言葉をつぎに立て続けに紹介してみます。

私はラファエルのように描くのが常であったが、子どものように描くことを学ぶのに一生を費やした。（パブロ・ピカソ）

バルザックやセザンヌの考えに従えば、芸術家は、開花された動物であることには満足していない。かれらはその出発の当初から文化を引き受けており、それを改めて築き直すのであって恰も最初の人間が語ったように語り、かつて一度も描かれたことがないように描くのだ。だから表現はすでに判明に思想の翻訳ではありえない。（メルロ＝ポンティ）

最も小さなものから始めるべきこと、私は生まれたての赤ちゃんのようでありたい。ヨーロッパについて全く何も知らないものでありたい。詩も流行もしらず、殆ど原始的でありたい。そうした後で、私はきわめて謙虚なものを作っていきたい。（パウル＝クレー）

ピカソは子どもを手本にしています。バルザックやセザンヌは、最初の人間を目指しています。クレーに至っては、「幼な子の如くあれ」と最初に申し上げましたが、これはもう宗教です。願いであり、祈りです。
つづいては、子どものことばにかかわっていってみることにします。

子どもにとって世界は、そして世界にあるすべてのものは驚きを呼びさます「新しいもの」です。（……）哲学者は、一生幼い子どものままでいる例外人間と言えるでしょう。

（『ソフィーの世界』ヨースタイン・ゴルデル、池田香代子訳、日本放送出版協会、一九九五年）

子供にとって、言語芸術の最初の形態は常に詩である。つまり日常的なことばに似ていないことばである、ということは注目に値する。円熟した芸術は、非芸術的なことばを模倣し、それと接近しようと志向するようになるが、初めての段階は常に拒絶である。芸術は、非芸術との最大限の非類似性への志向に己が独自性を認める（詩のことば、ファンタスチックな題材、「見目うるわしき」主人公たち）。

（『文学理論と構造主義』ロトマン、磯谷孝訳、勁草書房、一九七八年）

一九九五年に話題になったゴルデルのばあいは、その導きです。ロトマンのばあいは、子どもと詩との結びつきです。
そこで、つづいては、子どもの言語の習得にかかわる、子どもにとっての意味です。

子供が言語を習得するのは、単に語彙の増加によるのではなく、一連の内部分割によるのだが、その場合いつも全体が所有されているという事実に変わりない。それぞれの段階において子どもに使いこなせるいくつかの語は、彼にとっての言語の全体であり、あらゆるものを指示するのに役立つのだ。その指示の仕方は次第に正確になるが、どの段階でも隙間というものは存在しない。……そして教養というものが豊かになり得るのは、まさに満たすべき空隙が存在しないからである。面積を増す必要がないからこそ、深くなり多様になるというわけだ。（ジェラール・ジュネット）

これは、構造主義による現代言語学の根源に触れた言語論です。そのばあいの規準になるのが、子どもと子どもの言葉だということです、わたくしは、白秋論にこう書いています。

ひとことでいって、子どものことばの全体性的な把握といってよい。（わたしはここで、一九七〇年代によくいわれた「沈黙の言語」ひいては、「無言語の有意味性」ということばを思い出している。）幼い子どもたちの前言語的な世界をおとなのシステムのなかに掬《すく》いあげる。というよりそこに、おとな自体の本来的な生きた機能としてのことばの原初をみてとる。二項対立、二分法的といわれる自然科学的な思考体系からはみでたもののなかにこそ、むしろ在るべき人間の本性を感知する、といえば、あまりにもポスト・モダンめくが、「子ども」と「おとな」とのあいだに「たましい」と呼ばれるような第三の因子を割りこませ、それを人間総体として捉えなおす。ジュネットの幼児・児童言語観をそう受けとってよいと思う。

こんなことをいっていてもきりがありません。

そこで最後に、「愛の真理」の詩といってよい、田中大輔くんの「ボクどうして生まれてきたのかしってる」ということばに連ねて、「ぼくたち、どこから来たの？」という「愛」への向かいかた、向けかたにかかわる詩をご紹介して、ここでの「子ども論」を閉じたいと思います。与田準一の詩です。

新しい日のことば

母がいない日は、うちじゅうが何かものたりない気がしました、こどもたちは、いちんち、おちつきませんでした。

父のいない日は、うちじゅうがホッとしました。ふだん、上からおさえつけていたフタがとれたように、笑《わら》い声がひびきました。

星はうつり、年は変《か》わり、あれ狂《くる》う戦争《せんそう》のはてにその家は消《き》えました。

こどもたちは、〝あらし〟にめげず巣立《すだ》っていきました。思い思いにひとり立ちして、いつのまにか新しい世の母となり、父となりました。

新しく生まれてきたこどもたちが、たずねました。「ぼくたち、どこから来たの？」

母は若《わか》く、力づよく、「おまえたち！　それは〝愛《あい》〟の中からだよ。」

こどもたちは、かさねてたずねました。「そうしてぼくたち、どう生きていけばいいの？」

父はそばから、おだやかにいいました。「それはやっぱり〝愛《あい》の世界〟へ向ってだ。」
（『野ゆき山ゆき』大日本図書、昭和四十八年）［初出不明］

六　むすびに代えて

ここで改めて、わたくしたちの学校（東京保育専門学校）の建学の精神、すなわち校是（モットウ）を振り返ってみましょう。わたくしたちが日常――幼な子たちの上にひたすらなる愛を――といっているキリスト（カトリック）の〈愛〉の精神をです。

そしてそれは、ただ宗教上のこととしてだけではなく、「保育者」を目指し――それを行なうときの普遍の真理になる‼　〈愛〉なくして、どんな「保護」「保育」「教育」もないからです。ありえない、成り立ち得ない‼

なお「保護」「保育」「教育」の対象が、幼な子であるというとき、「子ども」とは何かを深く心に刻みこんでおくことは必須の条件で、ここではそれを「子ども学」とでもいう論じかたで、さまざま文献を用いながら言ってみたのです。

行きつくところは〈愛〉――そしてそれは、与田準一の詩の言葉のように、「子ども」に向けての最初にして、また最後の言葉でもあるのです。

第三章　保育者をこうやって育てる

保育者養成校の課題

一　はじめに

きょうは、保育者養成校の課題という題目を与えられています。しかしながらわたくしは、保育また、その養成機関としての学校経営ということにつきましては、全くのずぶの素人《しろうと》です。そこで、養成校のなかの専門学校――それも自分の学校のことに限って、そこでの課題にどう取り組んでいるかについて、話をさせていただきます。

二　専門学校の抱えている共通の課題

専門学校〝冬の時代〟といわれるいま、課題というよりそれは、学校の存立にかかわる重大問題であり、どう〝倒産〟から免がれ得るかということです。定員割れを防ぎ、存立可能の定員の確保を、どうやって行なっていくか

——そのことに尽きると思うのです。何をどうする——行なうといっても学生のいないところでは何もできません。学校そのものの潰れてしまったところでの教育なんて、初めからありえないわけですから。したがってわたくしどもの直接の課題とは、そのことに付随する経営の仕方の工夫、ひいてはその中身の教育内容の埋め方になろうかと思うのです。

直接の取り組みの具体については、のちほど申し上げることにして、まず定員確保にかかわっての社会状況——それに伴ってのわたくしどもの学校の実状を申し上げてみます。

まず第一は、18歳人口の減少ということ、これはどこの学校も同じはずです。

二番目は、短大や大学での保育科の増設ということ。（きょうこの会には、その関係の方々もお見えのようですが。）このことは定員確保のみならず、就職率にもそのまま繋がっていくことになるわけです。まだ卒業生の出ていないところもあるようですが、それが〝全開状態〟になると大変です。

……少子化傾向の歯止めの見通しは、全くたっていません。それに輪をかけて、就職率が悪くなるということになりますと、もうお手上げ、しかし早晩そんな状態がくる、と覚悟しておかなければなりません。以上が、保育者養成専門学校の抱えている共通の課題で、これをどうやって克服していくか、そこに、全ての学校の命運は懸かっている、と思っていいとわたくしは考えております。

三　わたくしどもの学校の実情

そんな間《あいだ》にあって、わたくしどもの学校のばあい、さらに特殊な問題を抱えております。二部、すなわち夜間部の学生を集め得ていないということです。定員50名のところ、せいぜいその半分がいいところで、20名前後に低迷している、というのが、実際のところの実情なのです。（これには、本校なりの特殊な事情が絡んでいて、殆どの他校が幼免しか取れない二年制を三年制に改組し、保育士資格（幼稚園教諭免許）も取得できるようにしたというのに、わたくしどもの学校では、その時流に乗り遅れた、ということになるわけで、少子化傾向ということを計算のなかに、組み入れることができていなかった、そのつけがいまもろにかぶさってきている――そうなると思うのです。そしてその穴埋めを一部（昼間部）の水増しでカバーしている。これは明らかなる怠慢、と同時に、違法行為ですらある、といっていいと思っています。）……幼稚園の数がどんどん減っていく――このことは避けられない時代性というのか、社会性的な実情、――それに対比して、保育所についてはまだまだ堅調、働く婦人の増加に伴って、二万五千人もの待機児がいるからです。……と、なんとしてでも保育士資格のとれる二部三年制を立ち上げなければならない‼　それは、学校の存立にかかわる経済経営上の問題であると同時に、保育者養成という教育目的、すなわちそこで学ぶ学生自身のためでもある‼　幼免（保育士資格）のみによっては、これからの保育社会においては、通用しなくなっていく、そのことが明々白々であれば、それこそを当面の至上課題として最大限の努力をする、それ以外のどんな方法もない――わたくしはそう思っています。

　わたくしは初めに、この道においてはずぶの「素人」であると申しましたが、いま自分の目の前にある〝負の遺産〟を、どう立て直していくか――そのための、制度の改革そのもの、ということももちろんありますが、なろうことなら、さらに一歩ポジティブにことを前向きに捉えて、いわゆる知恵なるものを働かせてみる――教育内容の埋め方、それを定員確保という学校存立上の目的に焦点化させて、どう有機的に機能・展開させていくか――つづいては、その試行錯誤の様子を、実際のこととして話してみたいと思うのです。（制度改革についての準備をも一方では進めながらのこととしてですが。）

四　学校改革のための試行錯誤

わたくしは、保育者養成機関関係の研究会には、できるだけ出るようにしています。足りない分の知識の補いと、また周りの様子を探る、という意味合いを密《ひそ》ませ、さらには自分との対比という――自信の持ち方にかかわってのこともそれに絡ませながらです。

そこでまず気づくことは、学生の「生活指導」面にかかわることで、最近の学生の風潮といいますか、基本的生活習慣の欠如――すなわち「常識」の足りなさへの非難の声の大きさです。いまの若者はどうの……とか、近頃の学生は……というような、いわゆる昔から言われている年長者による懐古主義（趣味）的な若者批判です。そしてわたくしはそういう声を聞きながら、思うのです。内心一人で。（これでは、この分では他の学校にひけをとることはないな、自分なりのことをきちんとやっていれば、案じているよりも事は簡単に解決できるのではないか。）そう思って安堵の胸を撫でおろしたりしている……。

ちょっと理屈っぽいことを申しますと、人格というのは、遺伝と環境によって決まるといわれております。そして今、遺伝について分かっていることは、そんなに人間がたやすく変わるものではないということです。「環境」というのは、まさに自分たちの今やっている――行なっている「教育」そのもののことです。当然社会には、時の流れとか、流行的な時代の変化はあるわけでして、しかし「流行」に対して「不易《ふえき》」といわれる、変わることのない本質性、不変の真骨頂とでもいわれるべきものが、必ずその奥にある。というと、どう「環境」といわれているそのことと「教育」とを巧みにマッチングさせうるか。それをなすべき当然の自分みずからのこととして、抜かりなく、きちんととり行なっていく――そこに知恵の使いどころ、見せどころが隠されている――わたくしはそう思って、いろいろと素人なりの試行錯誤を繰り返している――というのが本当のところの実状――、極めて単純に結論的なことを申し上げますと、〈真心〉をもって対すれば、学生もまた〈真心〉をもって応《かえ》してくる――これは時代性などとはかかわることのない不易――人間世界での〈真実〉だとわたくしは思っているのです。心底、感動を与えれば、いまの若者も全く昔の乙女《おとめ》と同じ清純そのものといっていい感動の涙を流す。いわばこれは普遍といわれていることの、人の心の在り様で、その点は昔も今も変りない、――そうであることを信じているのです。

ですからこれはある種の〝信仰〟です。

別の研究会に行きますと、いまの学生は「人間関係づくり」が下手だというようなことを耳にします。そこでわたくしが思うのは、人間関係づくりが下手だったら、それが上手にできるようにしてやればいい（じゃないか）ということです。上手になるなり方を教育のなかでどう仕組むか、ということが、教育としてのいわば最低なすべき仕事のはずでありますから、それを着実に果たす。いまの学生は、ということではなしに。そういわなくて済むような教育をする――わたくしはそう考えるわけです。

またある研究会に出ますと、いまの学生は「文章力」がない。「表現力」が低いと。これはどこに行ってもといっていいほどの学生批判の言辞で、もう聞きあきるくらいです。

わたくしは物書きの端くれでありまして、70冊を超える著作を持っております。で、文章を書くことについては、それなりの自信を持っているつもりです。ですから、わたくしどもの学校では、学生の書くレポートについては、わたくしが全部目を通します。なおさらに、それにコメントをつけて返す。もとより文章の書き方についての講義も行ないます。ですから、わたくしどもの学校に限っては、文章力・表現力についての非難は当たらない――そう思っていっそう意を強くしたりしている――そんなこともあるのです。

……このようなことを挙げていると、きりがありません。……それで、話を元に戻します。そして、定員割れのことにかかわっての、学校の現況というようなことについての、いくつかの生々しい経験的な事例を申し上げてみます。

五　試行錯誤のあいだでの実践的事例

最近こういうことがありました。学校としては、今年は入学定員をどのくらいオーバーできるだろうかと、やきもきしているそんなとき――「学校案内」、「学校見学」等に尽せるだけの手を尽している最中《さなか》――現役の学生が「学校案内」を貰いにくるのです。なかには一人で三通もというように。去年あたりからそんな現象が現われはじめていたのですが、今年はさらにその数が増している。これは正に嬉しい悲鳴という表現そのままで、こんなありがたいことは、ほかにないといっていいくらいなのです。自分の学校によほどの執着、また自分の学生生活に自信と誇りと愛着を持っていなければ、そんなことは起こり得ない。定員確保への、「学校」と「学生」の一体化――そのこと自体ももちろん嬉しいわけですけれども、それにも増して、学生の態度―姿勢そのものの方がもっと嬉しい、いや頼もしくさえある。そんな情景に触れて教職員全員、思わず手を叩いて喜び、なかには目を潤ませる者さえある、といった具合なのです。

近頃、お母さん、ときにはお父さんまでというように、付き添い付きの学校見学、学校案内への参加、また入学願書の手続等が、結構増えています。……そんななかで、こんな事例がありました。（大学に行こうか専門学校に進もうか）、と迷っていたというのです。そんな経過があって、きょうこの学校の学校案内に参加し、学校の熱心さ、親身さに打たれ、迷いなく受験を本校に決めた、と。わたくしは自分の学校の特色を、その方のいわれる取り組みの一生懸命さだと、常々思っていますので、そんな学校へのお褒めにあずかると、もう心底嬉しくなって、思わず心の中で快哉を叫んでしまったりしている……。

そんなことと連なって今年度は、入試にかかわってのこんな異変を経験しました。「学校案内」は三回やっておりますけれども、二回目には100人を超える参加者があり、こんな苦難の時代に、というより、こんな事例はかつてにはなかった——開校以来初めてだというのです。

なおそれに付随する好事として、推薦入試者が100名を超えたということ、これは正に快挙で万歳を叫びだしてもいいほど……となにがそうさせたか……このことについての緻密な分析は、そのまま当面の必要命題ということになるのですが、それはそれとし、わたくしは、それらの現象は、自ずからなる受動作用の結果のあらわれとしてではなく、自らの行なっている日々の教育の積み上げが、そのままの形で表われでた——そう思いたいのです。……この専門学校〝冬の時代〟これはありうべからざることで、なににも増して嬉しい……そしてそれには、つぎのような間接的な配慮も、いい結果を生み出すことと繋がっていると思うのです。

六　定員確保のための具体策

わたくしどもの学校のばあい、教育実習、保育実習、施設実習と、360ぐらいの園・所にお世話になっております。そして厚顔ながらここをも「定員確保」のための時《とき》の場《ば》と心得ているのです。単なる名目的な「巡回」ということではなしに。「わたくしどもの学校ではこういう教育を、このようにしてやっている」——それを識ってもらうために、わたくしの書いた『保育の心を求めて』（リトル・ガリヴァー社、二〇〇三年）という本を持参し、学校への理解と協力のお願いをする……。（そのような学校の態度・姿勢には、実習生のお世話をしてくださっている園［所］の方でも、好感を持ってくださって、読後の感想をわざわざお寄せくださる方もあるくらいなのです。）

話は変わりますが、わたくしどもの学校においでくださると分かっていただけることなんですが、極めて質素なみすぼらしい学校です。しかし掃除はいきとどいています。もちろん塵ひとつ落ちていません――磨きに磨き上げられています。そしてそれをだれがやるかというと、全て学生たちです。教職員のトイレの掃除だけは業者に頼んでありますが、学生たちの使うトイレは、全部自分達にやらせるのです。

先程話しました拙著――『保育の心を求めて』の冒頭には、「挨拶」の大切さについて書いてありますが、その挨拶と同じように掃除もまた大事、この二つを保育者としての資質を養う最初の出発点として徹底して身に着けさせる。そしてあとは、そのことの普遍化――バリエーションです。

七　「ヘッドじゃないよ、ハートだよ」ということ

……「一事が万事」ということがあります。正直に申し上げまして、わたくしどもの入学の推薦条件は、3.0です。ですから、当然のようにそれに見合った学生（社会人）たちが集ってくる。……ときにそれを受け入れるわたくしたちの合言葉は……

ヘッドじゃないよ、ハートだよ――〈真心〉で生きる教育を目指して

いわゆるアンチ偏差値教育――以下、つぎに掲げる「セールスポイント10か条」がそれに当たります。そこで

の内容に従っての指導の徹底化を図っていくのです。

本校学生のセールスポイント

1. ヘッドよりもハート
（心優しく、ひたすら〈愛〉をこめて）
2. 礼儀正しく、節度をもって
（きちんと挨拶し、返事することから）
3. 真心こめて（誠実さが基本）
4. 上品な立ち居振る舞いで
（慎み深く、一瞬立ち止まって控え目に）
5. 心優しく
（プロとしての微笑みをたやすことなく）
6. 正しい言葉づかい
（相手の話をまず聞くことから）
7. 細かな気遣いと心配りができる人に
（他人の胸の内を察しながら）
8. あたりまえのことをあたりまえに
（個の突出より、全体への融和が先）

9. 小回りをきかせて
（気だてのよさが勝負。大工仕事等をもいとうことなく）
10. 自分には厳しく、他人には優しく
（批判ではなく提言を）
＊私たちの学校は女性専門の学校です。

偏差値的知能では大学・短大の保育科には負けるかもしれません。しかしその劣っている分は、保育者の基本的資質の分でカバーする。……実は、わたくしどもの学校には、大学からカウンセラーの先生に来ていただいて「教育相談」に当たっていただいているのですが、そのような外部の方からも、「とてもわたくしどもの大学では、貴校のような肌理《きめ》細かな指導はできません」と、お褒めの言葉をもいただいたりもしておりまして、そんなときはわたくしどもも、そこを勝負と心得、力をかけているわけですから、その分、みんなでいっそうやる気を出しているというようなわけなのです。

他校との対比、とりわけ大学の保育科との比較ということで申し上げますと、……つい最近、国立大学の先生と隣り合わせで、酒を飲む機会がありました。で、それとなく、新規に立ち上げられた保育科の様子について尋ねますと、そこでの運営もかなり大変らしい。学生集めの手段として新学部を新設はしてみたものの、それらしい新味は見出し得ないまま、結局は、これまでのトコロテン方式の域を抜けで得ないでいる。……保育者の免許・資格に必要な単位を修得させて自動的に送り出すことになっている、と。……また大学の規模、それと従来的な研究中心の指導体制（態勢）癖の抜けないなかにあっての「生活指導」的な指導・支援には自ずから限界がある

――かゆいところに手の届くような指導は、とてもできない――とも嘆いておられました。

……わたくしはそんな苦衷を胸に含んだ話を聞きながら、失礼ながら、密かに安堵の胸を撫でおろし、盃を重ねたという次第でした。

八　むすびとして

話を結論に引き寄せて申し上げますと、とにかく、ゆきとどいた教育をする。と、おのずから就職率が高まる。ひいてはそれが学生の定員確保とも結びついて、学校の基盤もゆるぎないものになる。わたくしはそれを、「定員確保のための三段論法」と呼んでいるのですが、いきつくところ、それよりほかに、どんな方法もない……と思うのです。……現場で喜んでいただけるような学生を育てる。全てはそこに逢着する、ということ!!

ずいぶんと手前勝手な自己宣伝めいたことばかりを申し上げてきましたが、これは保育についてのずぶの素人のあさましさで、「盲（目者）蛇に怖《お》じず」の喩えのとおりかもしれません。……しかし何はともあれ、なりふりかまわず全身全霊でぶつかっていくよりない。「学生のため」という思いの必死さだけが、この専門学校〝冬の時代〟の課題を解決していける――そう思ってのことでございます。お許しください。

以上、ここでは、決意のようなことを申し上げて、わたくしに与えられた責めの分を終わらせていただきたいと思います。

わたくしの学校経営の工夫

一　はじめに

わたくしは東京保育専門学校に来て、自分の学校にかかわっての本を二冊つくりました。

一冊は、「児童研究」という、学校の研究・校報紙に書いてきた三年間分の文章を整理して纏めたものです。『保育の心を求めて』（リトル・ガリヴァー社、二〇〇三年）がそれです。校報紙の読者対象の中心は学生ですので、わたくしの書いた文章も、その学生たちへの訴えかけが主になります。

あとの一冊は、この三月（二〇〇五年）につくりました。『学校が変わる　学生が変化する』という本で、サブタイトルは「理想の保育者像を追い求めて」（すずさわ書店、二〇〇五年）となっております。

この本は、わたくしが保育者養成学校の教師（校長）になって、そこでの五年間の「教育記録」ないしは、「経営記録」のつもりで書き下ろしたものを一冊の本に纏めたもので、保育者養成学校での教師（校長）の分としての本、ということになるわけです。

実は、わたくしは、五年契約で、この三月に辞めるつもりでいました。それでそもそもは、それを纏めておこうと思ったことが発端で、わたくしにとりましては、七十冊目の本ということになります。

因《ちな》みに申し上げますと、わたくしは「学校経営小事典」（国土社）と称する本の三部作を持っておりまして、その〈校長篇〉（一九八九年）、〈教頭篇〉（一九八七年）、〈主任篇〉（一九九四年）はロングセラーで、いまも八重洲ブックセンター、丸善等にも並んでおります。ですから、本会の事務局から総会での問題提起を、というお話をいただいたときは、「学校経営」のことについてなら、なんとか話せる、と思ったりもしたのです。

そしてここまでが、きょうここでの話の前置きです。

二　教えるべきことをきちんと教える

大村はまという偉大な教育の実践家がいて、この四月亡くなりました。白寿ということで、その記念のための著述が何冊か出されたりしていたわけです。

そしてその偉大な戦後国語教育の実践家の教育思想を一言でいうと、

教えるべきことを、きちんと教える

ということになると思います。それに尽きる、といってもいいほどです。当人の言葉をそのまま使っていいますと、「戦後教育の誤りは、自主性とか主体性とかということにかまけて、教えるべきことを、きちんと教えてこなかった」（「読売新聞」二〇〇五年六月七日）ということになります。

ときに「自主性」とか「主体性」とかなら、まだなんとか救いはあるのです。しかし、いまある教育現場の様子を見ていると、すべからくが学生否定といってもいいほど――「あの学生はダメ、この学生はいけない」と学生否定の連呼……。ダメならダメでないように、しっかり教えればいいのに、それをもしないで、ただただ否定のしっ放し。そしていま、そんな状態がわたくしたちの周りには溢れているのではないかと、わたくしは思っているのです。

……でありますから、そんな現場的な教育情況のなかで、これまでの五年間、学校の「経営者」としてわたくしのいいつづけてきたことは――

・足りないところがあったら補ってやる

・欠けているところがあったら満たしてやる

要するに事実をしっかり摑んで、その事実に即しながら、教えるべきことをきちんと教える――そのことの繰り返し、積み重ねということを、ずっと訴えつづけてきたのです。

「うちの学生は、偏差値の低いところから来ている者が多い。」

「うちの学生たちは、育ちが悪い……身に着けるべき当然のことも身に着けていない。」

……そんなことは、教師たる者、口が腐ってもいってはいけない。これは学生蔑視で、教育の場のこととしては、あるまじきこと――しかし残念ながら、教育の現場ではそれが〝強者の論理〟としてまかり通っている。

……というとき、学校経営上の工夫ということで、それらのことにどう対応―対処するか、していくか――それを苦衷をも含めて申し上げてみたいと思うのです。

卑近な事例でいいますと、今週の月曜、教員全員で今年度の「進路指導の進め方」についての話し合いをもちました。そして、そこでの先生たちにわたくしがお願いしましたのは、「今年の学生は動きが鈍い」とか「現実を甘くみている」といった類《たぐい》の言辞は、きつく謹むようにと。……そして指導の順路としては――

・一つ一つの事実を確認し（しっかり確かめ）

・つづいてはそれを、しっかり分析する

・その結果を元にして、どうすればいいかの方法論を考える……という手続きを経ながら、ことを正確に処理していく。それを校長の指導の進め方の方向づけとして明示したわけです。わざわざこんなことをいわなければならないのは、さっき苦衷といいましたように、いわゆる悪いのはみんな学生のせい、また世の中のせい、という責任回避癖が、教員たちのなかには根強く残っているからです。――いってみて、「教える」という教師としての義務を果たしていない――さきほどの大村はまの指摘にあてはまるような行状が、依然として教師たちのあいだに蔓延《はびこ》っているからなのです。

わたくしたちの学校では、「保育者論」を、外部からの講師を招いて話してもらうことにしています。そしてつい最近、保育園の園長先生をしておられる講師の先生が、こうおっしゃったのです。

「最近の親御《おやご》さんは、自分の子どもを〝荷物〟のように預け、荷物のように引きとっていく」と。表現の仕方としては、即物的比喩といいますか、分かり易いいい表現です。

またこの園長先生のばあい、「公立」の方ですから、そこで働く保育者たちについては、「親方日の丸的意識が抜けないで困る」とも。いわゆる愚痴です。管理する立場の者としての。

そして事実、その通りなのでしょう。

……であればどうするか？　――ここからが「教育」や「経営」のしどころ――話はそこを起点に展けていくはずなのですが、親や職員の否定のしっ放しのままで終わってしまう……。（現代日本の教育の抱えている傷は深いな）……というのが、そのときのいつわりないわたくしの実感で、この園長先生が立派な方であるだけ、いま教育の背負っている痛手の深さを、ズシリと胸に感じたりしたのでした。

わたくしは、自分の学校のインターネットのホームページに、「教育の進め方」としてつぎのように書いています。

三　わたくしの教育の進め方

。受け入れる。（受容する。）

⇩

。受け入れたら、責任をもって指導する。

⇩

。足りないところがあったら、補う。（サポートする。）

⇩

。常に理想の保育者像を目指し、努力させる。

⇩

。責任を持って送り出す。

ここでちょっと、この図式についての注釈を加えてみます。順を追って申しますと――

• 受容するというのは、臨床心理学用語だと思います。胸襟を開いて、一も二もなく相手を受け入れるのです、「共生」という言葉がありますが、これは共《とも》に生《い》きる、と書いて、かつてからいわれている「共存共栄」とは違い、相手の入りこむ空間を、まず自らの胸の内に空けて用意しておく。ある意味での利他的な自己処断です。そしてそのことを教育に引き寄せていうと、「教育者」と「被教育者」というときのそれは、〈魂〉と〈魂〉との共振現象で、いわゆる学生否定の言辞は、初めから、その共振―共鳴関係を閉ざしていることになる。ですから、そこからはどんな教育も始まっていかないことになるのです。

•つぎ二つ目――受け入れたら責任をもって教える。――これは、一つ一つの事実をしっかり確かめ、その上にのって、技術・方法を凝らし、相手の〈魂〉にくいいる!!　くいこむ!!

•三項目――学生は、足りないから補いをつけてもらうために、わざわざお金を出して教わりに来ているのです。ですから、不足の分を埋めてやる、満たしてやる。夢、「足らざるは補う」という――学校―教師としての責務を忘れるようなことがあってはならない。そうなります。

•四項目は、本人主体の「意味的な意志」にかかわる教育の本命部分――自立―自己実現のための主体性・自主性を存分に発揮させる。……というとき、その発揮の仕方を教える。「継続は力」と、叱咤激励するのみならず、努力の仕方を一つ一つ手をとって教える。（教えられている、と気付かされないように教えるのが最高のコツ――そこに教師の技術・方法的な修練がある。）

•最後は――理念に向けての学生の努力をしっかりと見守り、見定めて、責任をもって保育の現場に送り出す。

大村はまの「戦後教育批判」のうえに、わたくしの学校での「教育の進め方の骨格」を重ね合わせ、在るべき教育の実質とでもいうものを言い連ねてみたのですが、要は、「教えるべきことをきちんと教える」――それに尽きるわけで、それをわたくしは、インターネット上で宣言しているのです。

四　学校経営の工夫

先生方の学校のばあいも、定員確保については、多分わたくしどもの学校と似たり寄ったりだと思うのですが、これからの学生集めは大変です。現在既に青息吐息の気配濃厚といった状態です。経済経営的なことは忘れて、教育経営のみに専念できればどれだけ幸せだろう、と思ったりしていますが、「現実」から抜けだすことはできません。ですから臍《ほぞ》を固めるというか、度胸の定めかたとしてわたしは、つぎなる図式を頭に描いて日々—普段の学校経営に当たっている——そんなわけなのです。

◦いい教育をする。

⇦

◦就職一〇〇%を確保する。

⇦

◦高質度の内容を伴った定員確保を目指す。

わたくしはこれを、「入学定員確保のための三段論法」と名づけているのですが、仕組みはご覧の通り至って簡単。

先ほどは、「責任を持って送り出す」と、いとも簡単に付け足しのかたちで申しましたけれども就職は大事です。そして大変です。大事というのは、定員確保の「うたい文句」にもなるからです。

わたくしどもの学校のばあい、お陰様で、毎年ほぼ１００%を維持しておりますが、楽観は許されません。今年、最後の一人の就職内定は四月の四日でしたが、決定の瞬間、教職員全員、思わず歓声を挙げたほどで、それだけ就職についての意識—関心が集まっている、ということなのです。

……そのような成果については、進路指導の熱意、また方策あってのことはもとよりですが、わたくしは、最後は、決定的な決め手になっているのは、日々の教育のたゆまぬ積み上げだと思っております。

理屈は極めて単純明快です。

さきほどの「……三段論法」の焼き直しになりますが、いい教育をして、いい保育者を育てる。そしてその学生たちを送り込むと、保育の現場でも喜んでいただける。と、そこでの信用が次に繋がってまた採用してもらえる。応募者たちは、当然のように就職率の高いところに集まってくるわけで、この三つの循環関係が、学校の安定を招ぶことになっていくわけです。「高質度の内容を伴った」といっておりますのは、いまの学生たちは世間のせちがらさも十分に知っておりますし、また短大・大学卒、社会人経験者のばあい、吟味に吟味を重ねて、学校を選ぶわけですから、(いわゆる〝フリー〟の受験生たちと違って)高質度の条件を兼ね備えているところにやってくることになります。……とそこでの基本の基本は、やはり「いい教育をしている」ということになると思うのです。

そのことと併せて大切なのは、入学してからの満足度です。これは、うたい文句などとは違った実感そのものですから、いわゆる日々日常の指導に対する信用ということになります。「教育の基本は信頼関係」であるといわれている、そのセオリーになぞらえていえば、学校に対する信頼をいかに構築していくか——それには「いい教育をする」ということ以外、ほかにはどんな方法もない、と思うのです。

わたくしどもの学校のばあい、平成16年度の入学のなかで、いわゆる〝口コミ〟といわれているものが56％いました。「いい学校だからと、周りの人に薦められて……」入学した学生が60％近くを占めていることになります。そこでの主たる理由は、「先生たちが親切で熱心、親身だから」ということで、ですからいまは、それを「100％を目指して……」と呼びかけているところなわけです。インターネットで集まってくる学生も相当数おりますから、（本校のばあい、グーグル、ヤフー共にトップをキープ）事実上そんなことはあり得ないわけですが、数値目標というときのイメージの描き易さを活かして、それを頑張り方の目標値にしている。しかし言うは易《やす》く、行なうは難《かた》い――冒頭申し上げましたように、長い間身に着けてきた教員の習性は、なかなか抜けません。一気には変えようがない。就職にかんしていえば「今年の学生は意欲が薄い。動きが鈍い」と、ことの原因を学生にこと寄せて愚痴る。悪いこと、よくないことは全て他人のせい……。悩みは尽きないというのが、本当のところの実情。しかし手をこまぬいているわけにはいきません。

そんなこともあって、つづいてはここで、校長と教師たちとの「学生指導」にかかわっての関係、それに連なっての教師と学生たちとの指導の繋がりかたについて書いたものを、拙著（『学校が変わる　学生が変化する』すずさわ書店、二〇〇五年）のなかから読ませていただきます。

> 校長は、教師たちの行なう指導にかかわっても全責任をとる（いうまでもなく正統さの限りにおいてであるが）。この校長の姿勢・覚悟が定まっていないところでは、教師たちのとる学生への指導の態度も曖昧になる。ことなかれ主義、問題先送り主義は禁物。そこでのいい加減さは、校長は教員に、教員は学生に心底を見透かされてしまう。校長は教師たちにとっても、学生たちにとっても〝守護神〟であり、そこでの安心感がなければ学校は安定しない。

しかしそこには若干の留保がいる。〝強者〟である教師たちに対しての。

◦自分の基準を絶対的なものとして、相手（学生）に押しつけていないか。
◦指導者意識ばかりが突出して、相手（学生）の立場をおもんばかってみる余裕に欠けていることはないか。
◦教える立場としての〝強者〟の立場に悪乗りしていないか。
◦「教育」というより、個人の「エゴ」を優先させてふるまっている、というようなことはないか。
◦教師もまた過ち多き人間であり、したがってその過誤を率直に認め、謝らなければいけないときにはきちんと謝る——その謙虚さを身につけているか。

学生と教師とは、人格的には対等関係である。そしてその上にのって、「教える」という立場としての責任を完璧に果たす。

教えるということの機微は、わたくしはタイミングだと思う。気組み、心構えといったスタンスにかかっての刺激の与え方のタイミングを、どのようにして、どこでどう掴むか、捉えるか、これは極めて難しい。しかし人は、転換のチャンスを与えられ、ほんのちょっとした気づき、心掛け……等の変化の機会があれば、どのようにでも変われる可塑性をもっている。学生の立場に立つとは、精神の機微を人間関係のデリカシーのなかで、どうやって培っていくか。人間一生勉強なのであって、正しい方向を目指してのインセンティブは、常に用意されておかれねばならない。

教育においての最後は、人と人とのマン・ツウ・マンです。教師対学生、ひいては校長対学生というときにおいても。いかにそこでの関係づくりを肌理《きめ》細かくどう行ないうるか——それが全てだと思うのです。学校経営というときには、そのことの普遍化です。そこでの考え方を全てに隅々まで行き渡らせる。終局――「校長先生が、わたしを見守ってくれている、応援してくれている」と、一人一人の学生が胸の内で思ってくれていれば、それが至上で、そこでの教育は揺るぎないものになる――わたくしはそう考えているのです。

総じていえば、学生を否定の対象にするのではなく、教育そのものの対象にする!! し尽す!! それを〈真心〉こめて行なう。手を変え品を変え、口が酸っぱくなるほど、それを教職員に訴えつづける。そのこと以外に、どんな方法もない、とわたくしは思っているのです。

五　おわりに

最後に纏めの意味で、「組織論」として書いた、さきほどの本からの「わたしの考える学校経営の要綱」を読ませていただいて、ここでのわたくしの話を終わりにしたいと思うのです。あたりまえのことをあたりまえにいっているだけで、特別のことは何も申してはおりません。

私立学校というところは、学生の定員確保さえできていれば、十年一日の如しといわれるマンネリズムでも、一応の経済的な経営は維持できる。

しかしそれでは教育の場とはいえない。

しかし人には易《やす》き道《みち》をとる、という悪癖がある。尻に火が付けば別だが、たいていは安易さのほうを選択する。

しかしそれではいけない。時間《とき》は一刻として留まることはないし、教育が対象者の可能性を引きだすための機能を本領とする、ということであれば、その機能は留ることを知らない「時間《とき》」に適応《アジャスト》するものでなければならないからである。

そこで、そのマンネリズムから脱するための要件を列挙すれば、おおよそつぎのことが考えられる。自戒として、つねにそれを胸の内に暖めておくのである。

◦志を高く持つこと。（高ければ高いほどよい。）
◦現状の実態を確実に把握し、進むべき方向を見誤らないようにすること。
◦目的対象をきちんと捉え―見定め、自己目的化の弊《へい》に陥ることのないようにすること。
◦なすべきこと、果たすべきことの優先順位《プライオリティー》をきちんと決め、共通理解―認識のうえに立って、事を整然と推し進めていくこと。
◦新情報をつねに摂取し、進取の気象を、ゆめ忘れることのないようにすること。
◦誠心誠意、つねに真心を以って全てのことに対すること。

こと新しいことはなにひとつない。極めて常識的なことがらの羅列とすらいってよい。しかしこれだけのことを、心掛けるべき共通―共同の戒めとしうれば、個人的な恣意性《しいせい》は殆どといっていいほど払拭される。

ご静聴ありがとうございました。

結果的に、自分の本の宣伝をすることになってしまいました。

生き残りをかけての私学経営と運営の秘訣！

一　私学の教職員とは

わたくしは、保育専門学校の校長になる前は、小学校に41年、大学に10年勤めておりました。そしていま振り返って、そのように「初等教育」と、「高等教育」の両方の経験をしていたことは大変よかったと思っております。専門学校は、名のままのスペシャリティーを養成する、高等教育に属することになるわけですが、わたくしはわざと一ランク下げて、準高等教育と考えたほうがいいと思っているのです。専門性をより充実させるステイタスアップのための方法論的効用として。（そしてそれを経営のチエと考えたい。）

小学校の教師のばあい、教えかたも大切ですが、そのことより面倒見のよさが身上です。わたくしは、41年間の最後の8年は、管理職をしていましたが、学級担任時代の終わりのほうは低学年の担当が多く、そのころの教室でのありさまを自分では「ペスタロッチ的教育図式」と名付けたりしていました。母子関係でのスキンシップとまではいきませんが、それに近いかたちで、子どもたちとの接触をしていたのです。

そのころのことで、いまでも「教育者」としての〝心の財産〟とでも思っていることの一つに保護者会があります。「畑島学級」の保護者会は、いつも全員出席。教師と保護者とがいっしょになって、クラスの子どものことを考え合っていくのです。要するに、子どももおとなもみんなして、「畑島学級」の一員であることを誇りに思っていたのだと思っています。

＊

大学では、私立のお嬢さん大学と呼ばれていた白百合女子大学と、国立の東京学芸大学の私・公両方を経験しました。合わせて18単位分。授業だけでいうなら専任なみです。いっぽうの白百合女子大学では、「言葉と表現」という講義には、毎年400人（2000人規模の学校）の学生が集まり、〝一番人気の授業〟といわれたりしていたのです。これも「教師」としての〝心の財産〟――小学校での「面倒見のよさ」に対して、それを「授業力」というように解して、いまなお誇りに思っているのです。初めに、初等教育と高等教育の両方を経験したことが、いま現在の保育専門学校で役に立っているといいましたのは、そこでのそれぞれの経験のよさがほどよくミックスされて活きて作用している――そのことをいおうとしてなのです。大学や短大と同じ「高等教育」でありながら、保育専門学校で、小学校的な面倒見のよさを発揮する。いわゆる「授業」だけではなく、もとよりそれも大切にしながら、日常の「生活指導」にも力をかける。また「授業」というときにも「保育」という教育内容の性質から、それを「研究」という捉えかたではなく、「実践の学」として、あくまでも現場主義的なかかわりかたのほうに主眼をおく。すなわち頭の上での学問―勉強に留まるような授業はしないということ。それを骨格にして、日常の教育を進め、積み重ねていく。イメージ的にいうと、「挨拶に始まって挨拶に終わる」というような、ゆくゆくの実践の場を想定しながらのこととして。要するに、机上の空論的な学問とは違った教育の内容・仕方を積み上げていく、ということなのです。

＊

ここでいきなり「私立学校」の教育―経営ということに切替えて話をすすめることにします。国立大学の勤務者と、私立大学での勤務者とでは、どのように勤務態度が違うか――。

私立でのばあい、授業が終わって帰宅するとき、教務課に立ち寄って、出席簿を返しながら「お先に失礼します」と挨拶すると、事務をとっている皆さん全員が、椅子から立ち上がって「ご苦労様でした」と答礼してくれる。ところで国立大学のばあいは――。朝、教務課に出勤簿の捺印にいく。「おはようございます」と挨拶をする。……が挨拶を返された経験《ためし》は一度もない。〝文部事務官〟の皆さん、お高く止っていらっしゃる、ということらしいのです。（他の国立大学のことは知りませんが。）そしてそれが教員―事務員止まりで収っていればいいのですが、さにあらず――一事が万事――それは学生にも波及していく（いる）はずなのです。こんなことを申し上げているのは、「学校」というところには、いまいう国立大学的な気風があって、それは明治近代以来の身についた悪習―悪癖、そしてそれが私学のなかにもないとはいいきれない――ここが問題‼　実際――公立学校上がりの教員を雇ってみると、〝親方日の丸感覚〟とでもいうのか、学校が潰れるなど夢思っていないらしい。それどころか危機感、また企業（的）意識（感覚）などといったものを、全くもってといっていいほど持ち合わせていない。だから当然の結果として、目的対象である「学生」を見下げる。見下す。教えてやる、教えてやっているという思い上がりの態度がなんとはなく、どことはなく滲みでる。〝弱者〟に対する〝強者〟感覚とでもいうのでしょうか。それが身に着いてしまっている。もとより教育は商取り引きではありません。消費的な意味でのサービスとは異なりますが、〝顧客〟を大切にする――これは大事。共生的志向関係の上位にいる教師の、それは当然の責務ですらあって、しかしともすると、明治以来百年経っても教師の体質のなかには、弱者蔑視の残滓が依然残りつづけている――。それが無意識裡に行なわれている分、よけい性質《たち》が悪い‼　ということなのです。

＊

専門学校のばあい、「高等教育」でも、いわゆるスペシャリスト養成の目的学校ですから、上位の大学・短大とは、性質を異にするのです。下位の小・中・高の初等・中等教育とは勿論違います。そこでわたくしは、さっきもいったように専門学校を、意識的にその両者の中間に位置づけて考えたい。もとより階層的な上下関係としての捉えかたではなしに、専門学校そのものの特色の出しかた――方法論的な手立ての用として。……そして話はここで、初めのでだしに還ることになります。小学校のいいところ、大学のいいところをそれぞれ活かす、そのうえに立って、大学や短大でやれないことをやる。専門学校ならではの。しかも「私学的」な特徴を最大限活かし、スペシャリスト養成の目的学校としての特異性を発揮していく。仮りにいえば――

学生への対応然り。

挨拶の交わしかた然り。

「保育専門学校」というときには、そのことが直接活かされて、ゆくゆくの園児たちの上にそのまま還されていくことになる。特色ある学校とは、「専門学校」にあっては、そんなことをいうのだと思うのです。勤務する者も、そのことを旨と心得る――。

二　学生を見下げてはいけない

この標題は、わたくしが現任校に来て初めて見つけた教育の理論《セオリー》でもあります。自分を見下げている者の言うことを聞く、ということなどあり得ない、という至極当然の学生対教師の関係の仕方の問題としてです。

わたくしは、この東京保育専門学校に七年間いました。そしてそこでの勤務は絶望から始まりました。「こんな学校の状態では、自分の思っている教育なんて到底できない……」と。

• まず常勤者の主軸《メイン》である教員たちに「教師」であることの自覚が感じられない。学生の悪口が公然と語りだされたりする。勤務態度は、教育社会一般の陥り易い通弊のマンネリズム。

• 教員がそうであると、事務関係の主事たちもそれに倣《なら》う。〝強者〟の立場で振る舞いがちの教員たちの姿勢・態度は、そのまま事務関係者たちにも乗り移っている。

• 非常勤講師については、制度自体が整っていない。勤務の規定もなきに等しい、というような、極めて私塾的な有様。

……しかしそんな絶望的ななかで、あるときわたしはフト思ったのです。非常勤講師には、制度上のことでもあるので、すぐには手がつけられない。とすれば、常勤職員に期待をかけてみよう――と。

ところでわたくしは「改革型」の人間ではありません。「漸進型《ぜんしんがた》」とでもいうのでしょうか、故《ふる》きを温《たず》ね新しきを知る――すなわち「温故知新」型――従来の制度や仕組み、また習慣などのなかにも、必ずいいところはある、そう思うところから出発する。ですから、当然のように時間がかかる。短期・中期・長期のスパンで、そのためのプランを綿密に樹てる。それを辛抱強く、まず一つ一つを着実にやり抜いていく。その行ないかたの第一歩は改善のための模範を自らで示すこと。言《い》うようにはしないが、為《な》すようにはする――と信じて。卑俗ないいかたをすると、しんねりむっつり――。

わたくしは部下にはきついことはいいません。いわない主義です。肚《はら》のなかでたとえどのようなことを思っていようと。……しかし「学生」に対する教職員の蔑視的対応にだけは、情け容赦なし、敢然と立ち向かってきた。

教師たちのつぎのような言葉（態度）に対しては――とりわけ。

•ことしの学生は性質《たち》が悪い。

•あそこの学校の偏差値の「3」は、おなじ「3」でも程度が低い。

•うちの学生はもともとの家庭での育ちが悪いから……。

いいにことかいいての――これらは、強者の奢り、弱者蔑視というより人権侵害ですらあるのです。教育者たる者の、言うべき、為《な》すべき言動―態度ではありません。しかも、それが常習化している（いた）。

……ある日あるときのこと――偏差値至上主義者らしい教師に対するわたしの叱責的対応の一例――。

――あなたは、どこの学校を出られたのですか？　まさか東大法学部では……!?

――（相手は無言。）

――もし、○○大だったら、学生にそんなことをいう資格などない。……本当は、東大法学部だってそんな不埒なことはいってはいけないのですから……。

（これは言葉どおりではありませんが、主旨はそのまま、かなり辛辣《しんらつ》です。）

考えてもみてください。……さっきもいいましたが、自分を見下げている者の言うことを聞く者など、いるはずがない。この人間心理の道筋を理解できないとなれば、教育者としては失格。（本質的には。）しかし教育の世界ではそれが公然とまかり通っている。

反証的にいえば、世間一般には「不立不信《ふりゆうふしん》」ということがあります。信なくば立たずということです。そして教育の場合その「信頼関係」が基本。であれば、学生蔑視などあってはならないこと。人は、自分を信じてくれている者だけを信じる――それは「直感」としてでも分かることなのです。学生も子どもも。したがって教育はそこから始っていく――。

三　「満足型」の経営（教育）をする

いま巷《ちまた》では「学力低下論」といいますか、結果としての「学力向上論」が喧《かまびす》しく行なわれています。そんな間《あいだ》で、都留文科大学の河村茂雄教授が『データが語る学校の課題　①』（図書文化社、二〇〇七年）という本で「満足型学級」ということをいっているのです。「満足型学級」の経営ができていないところでの「学力向上」など望めない、と。それはそれとし、河村のいう「満足型学級」経営とはなにか。ときにそこでの考え方（内容）の二本柱――

・ルール――対人関係、集団活動・生活をする際のきまり
・リレーション――互いに構えのない、ふれあいのある本音の感情交流がある状態

これが骨格です。学級集団としてのルールをきちんと守らせる（守り合わせる）。それと信頼関係の築きかた、ということになります。子ども（学生）と子ども（学生）、なお教師と子ども（学生）との。それを万全そのものとして築き上げる。そして右の二本柱のバランスの保ちかたこそが、子ども（学生）に満足感を招ぶ。河村の言葉でいえば「ルールとリレーションが同時に確立している状態」ということになるのです。

このことだけをいったのでは、「満足型学級」の持《じ》している意味が、はっきりとは摑み切れませんので、別のタイプの学級集団をもついでに挙げておきます。つぎの二類型――

・「管理型」
・「馴れ合い型」

一言でいうと、「管理型」は校則絶対主義で、教師主導の管理中心型のスタイル。もう一方の「馴れ合い型」は、教師と子ども（学生）とのフレンドリーです。したがってここでは、学級集団としてのルールが軽視される。教育のコツといわれる「適正距離《プロパーディスタンス》」など忘れ果ててしまって。……こんなことをこと細かにいっていると、時間が足りなくなってしまいますので、端折っていうと、集団のルールは相互にしっかり守り合いながら、集団内での教師と子ども（学生）との人間関係、また子ども（学生）同士の人間関係を限りなく高め、強いものにしていく。それを教師（学生）が指導者としての責任の名において果たしていくのです。「愛と規則はワンセット」といわれる教育セオリーのままに。なお着実にそれを成し遂げる——。「学力向上」の問題にそれを連ねていうと、「学習集団」は「生活集団」であるということ。いまいう「満足型」の学級集団が築かれていないところでの「学力向上」は当然望めない、ということなのです。……そのことを河村という現場第一主義の心理学者は、厖大な教室でのデータをもとに、ノーマルな「実践の学」としての問題提起をする——。

ところで「高等教育」のばあい、「自己責任」が原則です。また「研究」となれば「教育」的な側面として「生活指導」は、大原則である「自己責任」のなかに収斂《しゅうれん》されてしまうことになります。が、ここが思案のしどころ……。

というとき、わたくしどもの「保育専門学校」のばあいどうか——。机上の研究などではなく、現場的実践そのもの。自らが「教育」を受けるばかりではなく、将来的には、幼児の「保育・教育」に当たることになる、というように。

そこに至る「自己責任」のことでいえば、公的な規則（社会規範——公序良俗的な秩序）を間に挟んでの「自由」と「責任」の問題が当然のようにでてきています。そしてそれがいま、乱れとして——現実の教育課題化してきている。……となれば、それらの背景的な事情を考慮のうちに入れるときにも、学校・学級における「満足型集団」の形成は、喫緊の重要課題――時宜に叶っていることになるのです。「学力向上」問題を超えた社会問題としてでも。いま話題の「いじめ・自殺」も当然そのなかに含まれていると考えていいのです。

……そしてこれは、小・中・高における「学級集団」の在りかたの問題に留まることなく、「保育専門学校」という高等教育にも、そのままあてはまるはず。……自己責任的高等教育のなかにおいても「学習集団」イコール「生活集団」という考えかたを全面的に取り入れ、学校経営全体に活かす――わたくしはそう考え、日々の教育経営―学校運営に当たってきていたのです。整理していうと――

• きちんと学生にきまりを守らせる。

• 教師と学生の人間関係、学生と学生との人間関係を高め、強めていく。

指導は厳しく、思いは優しく、指導・支援を肌理《きめ》細かく……と。

わたくし流の言葉《キャッチコピー》でいえば――

• ヘッドよりハート――真心で生きる教育を、ということになります。人間の能力なんて五十歩、百歩、最後は〈真心〉なのです。だから誠実を旨としながら精魂こめて頑張らせる（頑張り抜かせる。）

つづいてのキャッチフレーズは――

• マン・ツウ・マンの教育をする。

教師一、般対学生一般は否《ノン》。固有名詞対固有名詞で。教育とは、〈魂〉と〈魂〉の共振なのですから。専門学校は小規模ですから、それができる。そこに眼をつけるのです。教師の日々の心掛けを謳い文句式にいえば――

• 手をかける。併せて目もかける、それは、見守り、応援を惜しみなくつづけるということ。待ったり、押したり、引っ張ったりと手を変え品を変えて。

「定員確保」にことよせていえば、敵の弱点を衝く、というのが兵法の基本です。言葉を変えていえば、他人《ひと》のやれないことをやる。他人のやらないことをやる。それは、専門学校ならではのことをやる、ということ。そこに勝負の全てを賭けるのです。

四　大学・短大にやれないことをやる、できないことを行なう

専門学校は、目的学校ですから就職が決め手です。とりたてていえば、そこが大学や短大の持つ一般性とは異なるところ、またそれが専門学校の果たすべき至上命題でもあるはずなのです。

いちばん最新の資料（「専門学校で学ぶ知識や技能→高い就職率」〔「読売新聞」広告、二〇〇七年八月一〇日号〕）によりますと、

- 大学の就職率が、63・7％
- 短大が　　　　　67・7％
- 専門学校が　　　79・7％

「専門学校」のばあい、大学・短大を抜いて約80％――いまいったようにそれが特色でもあり、また常態でなければならない。

因《ちな》みにわたくしの学校のばあいでいいますと、100％。（わたくしの校長就任以来ずっとそれを維持してきています。）

高等教育の複線化ということで、大学・短大卒業者が、平成18年度には、一二一、四七九人専門学校に入ってき

ていますが、わたくしの学校のばあい——

・第一部は、100対98と逆転していて、短大卒以上が多い。（これは初めて。）

・第二部では、53対8と、圧倒的に短大卒以上が多い。（これは特異現象としての驚異的事実。）

この結果の分析は、まだ定かにはしきれていませんが、複線化傾向のなかでの「選ばれた学校」ということとかかわっての異常化現象——わたしはそう見ています。すると、どうすれば、そんな好ましい結果をつくりだすことができるのか、実績を残せるようになるのか⁉ この項の標題に沿っていえば、学生に満足してもらえる教育をする——先からいう「満足型」の学習集団（生活集団）をつくりだす——それよりほかに、どんな方法もないのです。

*

平成16年度、わたくしたちの学校のばあい〝口コミ入学〟が56%でした。「いい学校だから……」と、友達や先輩、周りの人に薦められて、というのがその理由です。もちろん100%にはなりません。インターネット、また高校の進路指導の先生の推薦等もありますから。しかし通常の感覚からすると、異常といっていいほどで、驚くべき数字だと思うのです。……しかしいま、実際上100%になり得ないことを知っていて「56%は100%にしなければならない——それに見合う教育の実質を埋めねばならない」——そう固く心に決めている。……すると、なにが「いい教育」の内容か、ということに自らなる——。端的にいってわたくしは、学生に対する教師の指導・支援の肌理《きめ》細かさだと思うのです。微に入り細に亙っての、行き届いた気配り、それができるかどうかに全ての勝負が懸かっている。そしてそこでの慮《おもんぱか》りを支えているのは、チエと閃き——日常における、気遣いという心掛けに併せての。――そこで、卑近な実例としてそれをいってみます。

•中越・新潟沖地震のときは、災害にあった学生の学納金を免除した。また、赤い羽根の義援金は、学生の出身幼稚園に届けた。そしてそれを公報として全学生に周知させた。

•地方出身の一人暮らしの学生に対する配慮として行なったことは、保護者からの要請があれば、個人的な生活のプライバシーの侵害にならない範囲での、私生活についての見守りをすること。それをインターネットで配信した。

（これらは具体的な実働行為としてというより、学校の学生への心配りの細かさの明示としてです。）そしてそれは、学校の学生に対する気の遣い方のほんの一例に過ぎないのです。指導・支援の肌理《きめ》の細かさの象徴的《シンボリック》な。さっき「チエと閃き」といいましたが、方法論的な意味では、それは、教育を行なうというときのインスピレーション――人が全身全霊を尽しているときに発現されるものとしての。その感性的な資質を、学校中の教職員がどう持ち得るか――。なお、そんな学校の姿勢《スタンス》――そこで発揮されている〈真心〉は、学生たちに間違いなく伝わっていく――わたくしは、そう思っているのです。

……そのことに連ねて、つづいては、わたくしが、拙校の研究・校報紙「児童研究」（二〇〇六年五月号）に、「わが麗《うる》わしの東京保育専門学校（再々度《さらにふたたび》）」として書いたそこでの文章のなかから、「〝口コミ〟五六％の変化について」――それにつづく「アンケート調査に現われている卒業生の学校への思い」の分だけを引き写してみます。〝口コミ56％〟のその後の経過の証明の意味で。（実際の講演ではプリントで説明。）

〝口コミ〟五六%の変化について

「〝口コミ〟入学五六%」とは、今年度卒業していった学生たちが一年生のとき（十一月）に行なった「これからの東京保育専門学校を考えていくためのアンケート調査」の中での「質問2　あなたが東京保育専門学校を知ったのは、何によってですか」における「先輩や周りの人に『いい学校だから』と薦められて」の数値のこと——。

そしてつづく17年度入学の一年生（現二年生）のばあいはどうか——。

◦先輩や周りの人に薦められては40%です、したがって去年の56%よりポイントが下がっています。

◦去年と違うのは、インターネットの数値が、去年38人だったのが今年は47人——パーセントとしては35パーセントで、推薦とそれとを合わせると75%になります。二部の場合、インターネットが圧倒的。総数42名中、20名を占め、50%に近い数値になる、ということです。時代の波の表われ、といってよいでしょう。

◦それに比し、進路指導担当の先生の紹介というのは年々減少していく——つぎのように

•平成十六年度……51名
•平成十七年度……35名

◦ちなみにここで、〝口コミ入学〟についての数値の内容を示しておきましょう。

•先輩や周囲の人に薦められて……40
•両親に……………5
•在校生に…………4
•その他……………6

計55

去年より数値上は落ちますが、ホームページの47を加えると、102名にも達しているのです。

アンケート調査に現われている卒業生の学校への思い

聖心祭（学園祭）も充実感に満ち満ち、そのあと、二年生は「創作ダンス」と「総合演習」の発表をたてつづけに行ないました。

去年より一段と飛躍的に進歩した二つの発表は見事でしたが、それよりもっと嬉しいのは、二つの難関を一気に突破した二年生は、達成感と充実感に満ち溢れていた（いる）ということです。（付け足していえば、校長以下全員が、喜びの涙を流し合ったというように。そしてそんな学校は、外にはないはずです。）

つづいては、有終の美を飾った卒業生たちが、アンケートに書き残していった言葉の数々――。

・今のままでよいと思います。

・今で十分だと思います。

・望みは十分果たされています。

・今までどおり、伝統や人との繋がりを大切にして、熱心に導いてくださること。

数値でいうと、右のような満足派が、一六人もいて、この数がいちばん多いのです。

因みにここで、二年生の調査の結果を記録しておきましょう。

◦質問３　今のあなたにとって、東京保育専門学校の魅力はなんですか

1　先生方が熱心　37
2　授業料の安さ　35
3　創作ダンスがあること　26
4　就職率のよさ　25
5　免許・資格の同時取得　22

。質問4　何が、東京保育専門学校の特色だと思いますか
1　授業料の安さ　37
2　就職率の高さ　27
3　総合演習がある　28
4　創作ダンスがある　26
5　カトリックの伝統の愛　12

こう見ていくと、学校全体が一体になっていることがよく分かります。
創作ダンス、総合演習については、おそらく二年生のばあい、充実感が伴っての数字だと思います。

ここに平成十八年度のアンケートに書き残していった言葉の一例を補足しますと——
・評価の段階では4が上限になっていますが、「わたしの学校への思いは、『4』では言い表わしきれません。『5』です。」

と、いいおいて卒業していった学生がいるのです。

十七年度の調査でも「質問3」の「学校の魅力」に対して

・1　先生方が熱心　37

と、魅力の一番目が他を凌《しの》いでいます。

・3　創作ダンスがあること　26

また「質問4」の「学校の特色」で

・3　総合演習がある　18

・4　創作ダンスがある　26

は、専任教員受け持ちの教科科目と、その内容で、さきにいった「学習集団」即「生活集団」というときの「満足型学級」という、〝日本型教育の特色〟と、そのまま繋がっているのです。

「先生方が熱心」には、親身で指導が肌理《きめ》細かくて……と人間の〈真実〉、〈誠〉の貫きかたが、それに連なります。

そして、いま「日本型教育の特色」といったのは、「教科科目」を単にそれとして留めるのではなく、学校の行事と繋げてあること、実際には「学園祭」（聖心祭）でのイベント内容としてそれを位置づけ、全校挙げて集団活動に参加する――。「校長以下全員が、喜びの涙を流し合った」というのは、「満足型学校集団」の象徴的事実としてなのです。

いうまでもなく、基本的には、「生活指導」的なことについては大学・短大と同じ――「自己責任」が原則です。

しかしわたくしたちは、「学生は、学校に教わりに来ている――その未成熟者たちへの補いの場所」というように、学校そのものを位置づけ、「足らざるは補う」を指導・支援というときの教育の大原則にしているのです。ですから、挨拶・掃除といったカリキュラムにない基本的生活習慣的な学習についても徹底して教えることになります。

こういうといかにも校則万能の「管理型」教育のように聞こえますが、そうではありません。あくまでも「満足型学級集団」の側面の要素としての欠かすべからざるルールとしてそれを行なう。「高等教育」の内容として。い、い、い、い、足らざるは補うために。（補わなければならないのは、ことなかれ主義の「馴れ合い型学級集団」、すなわちフレンドリー感覚の教師たちのやっていない、その怠業の分の補いをつける――それをも含んでのこととしてなのです。ここがご苦労の分――。）

このことは、学校教育のみならず、広く社会一般の問題でもありますので、すこし話を順序立てて理論的に述べてみます。

ルールといっても「躾」教育ではありませんので頭ごなしはいけません。「管理型」は非――納得のいくきちんとした論理だてが背景になければならない。そこで――

・なぜルールを守らなければならないか

を、説明の順に書いていくと、つぎのようになります。（戦後の「戦後民主主義教師」たちのなかには、このことに確信のもてない者が数多くいるので、あえてそれを示しておくことにします。）

1　目的は、究極の「自由」を保証するため。

⇧

2　入学前の約束―了解事項として、集団の秩序を維持するためのルールが、「公正」と「正義」と「公共性」を規準に樹てられていることを、確認させる。

⇧

3　実際の学生生活に臨んで、学級・学年・学校を混乱に陥れたり、また相互の対立関係をつくりだしたりしたのでは、保育者になる、という目的を遂げることができなくなる――そのことをよく理解させる。

⇩

4　それらのことは、とりもなおさず、共同の利益という「公共性」の上に立つ、ということなのだから、自分勝手な行動は許されないことになる。そのことを納得させる。

⇩

5　結果としてそれらのことは、相互に「よく秩序づけられた社会」の建設に参加することになり、その上に立って、初めて理想としての「自由」は保証される――そのことを、理論的にも実践的にも体感―体得させる。

これは、一九九〇年代におけるアメリカの哲学者、ジョン・ロールズの「自由主義《リベラリズム》」論を参考にしてのことなのですが、思想的にもいまいちばん新しい考えかただといわれています。右のような理論と順序立てで、校内での秩序をきちんと維持させる。ですからルール違反については、退学をも辞さない――と校長をはじめとする全教職員が覚悟を定め、学生に対する――もう真剣勝負――命懸けの教育行為としてなのです。

……そしてそれが、教師と学生、学生同士のリレーションに繋がる。その側面の要素を築いて、リレーションをヒューマンリレーションにまで高めていく。このバランス感覚とモラールこそが、いまわたくしたちに求められている、と思うのです。

「指導の肌理《きめ》の細かやかさ」から話を焦点化し、学校でのルール維持の大切さについて話を進めてきたことになりますが、つづいてはそれを専門学校の措かれている客観情勢と結びつけて考えてみます。

東京未来大学という保育科養成の単科大学があります。新設です。専門学校を26校も経営しているその道のプロが建てた学校です。ですから、当然のように専門学校的経営のノウハウも熟知している。ところで開設初年度の今年は思うように学生を集め得なかった。定員200名のところ、その6割の114名とか。いま保育科系の学生集めは極端に厳しい。保育士についての社会的な需要はまだまだ見込めるということで、大学・短大が専門学校化して保育科を立ち上げ、わたくしたちの領分に参入してきていたのですが、しかしいま、それもままならぬ厳しい条件下に曝されているということ。……わたくしたちは、この冷厳といっていいほどの客観的な事実を、このうえなく深刻なものとして受けとめるべきだと思うのです。

悪条件はまだまだ重なります。この単科大学では、学生の出欠にかかわってですが、クラス35人中15人が欠席する——で、その対応に全教職員あげて、取り組んでいるという——欠席者への呼び出し等を行なって。いってみれば、一般の大学・短大とは違った、専門学校ならではの肌理《きめ》の細かさ——そのノウハウを活かしての。ところでこのことは、この学校だけのことではないのです。現代風の若者気質の表われでもあって、出欠を越えて「進路変更」という名の退学とも連なっている。一般的には、折角入学させても二割が退《や》めていくというような。そしてそれが通り相場だとさえいわれているのです。特別の手当てをしないで、学生のいいなりにそのまま放っておくと、退学者はあとを断たない。「自分探し」という別の名分で。が、それにどう対応するかが教育の決め手——（さっき馴れ合い型、フレンドリー感覚教師のことに、わざわざ触れたのはそのため。）学校の都合によってではなく、学生のためにこそ、生きかたにかかわっての方途を、いっしょに真剣に考えてやる。通り一遍の不干渉主義的態度ではなしに。「満足型集団」のリレーションというとき、親身になって学生のサポートに当たる‼

あえて私見を述べるなら、探すべき個性なんて初めからないのです。いや探さなくても初めからある。そのあるがままの個を、いかに社会のニーズに合わせていくか。社会（学校）より、自分が先にあったのではないのですから。となると社会という名の〝道路〟があって、そこに凹みがあるとすれば、それを埋める。「社会的な動物」として真剣に生きるとは、いまいう「常識《コモンセンス》」的感覚をいかに身に着けているかで、凹みを埋めてなお光っている――それを「個性」というのだと思うのです。「自分探し」なんてわけしり顔のことをいっていないで、ゲットしたチャンスは最大限活かす。そのことの大切さを手とり足とり、納得のいくように（いくまで）諄々と教え諭す。「いまの学生は、入学はしても二割は退《や》めていきます」と、のほほんと無責任にいっていたりしていないで。
（が、そんな非指導者的な教師が、巷《ちまた》にはごまんといるので困っている。）

……わたくしがここでいわんとしているのは、大学や短大に負けない肌理の細かい指導をするということ。それに尽きる‼　――さっき東京未来大学のことを持ちだしたりしたのは、特異な〝専門学校的大学〟の一つのモデリングとしてだったのです。

社会学者の説によると、学校でのマン・ツウ・マン指導の限度は、400名程度、といわれています。と、そこまでは可能。わたくしの学校のばあい350名ですから十分過ぎるほど。しかし、さきほどいった「のほほん教師」のばあい、「固有名詞」対「固有名詞」としてではなく、「教師一般」対「学生一般」として対する――これでは否《ノン》。そんな教師の多い学校は早晩倒産する！　と逆の意味から、大学と違って専門学校のばあい、規模の小ささこそを〝売り物〟にする。――そこでの気持ちの持ちかた、気の入れかたによって、倒産の憂目からも逃れられることになる。要は教職員の「教育」に対する姿勢《スタンス》のとりかた――学生への立ち向かいかたが全ての決め手、ということになっていくと思うのです。

五　学生を信じる、そして教える

わたくしは初めのほうで、「自分を見下げている者の言うことなど聞くわけがない」といいましたが、それを最初に気づいた〝指導原理〟とすると、二番目に気づいたことは、「現在《いま》の学生も昔の学生も本質的には変わりない」ということです。そしてそれら二つは反照関係です。教師と学生との「信頼関係」を媒体項としての。目の前にいる学生を信じる。そして自分を信じてくれている教師の真心には、学生も真心で返してくるということ。「昔の乙女《おとめ》も現代娘も、流す涙は同じ」ということなのです。諸行無常――ゆく水は川の流れの如く、時々刻々変わっていきますが、人間の本質までもが、そうそうたやすく変化するはずはない。現象の変化に眼を奪われてしまってはいけない、ということ――いま遺伝子学でも「1000年単位で、ほんの少し変わる程度」といわれているようにです。

わたくしがこのことに気づいたのは、就任二年目の五月中旬、伊豆湯ヶ島で行なわれる郊外セミナーにおいてでした。二泊三日の宿泊学習なのですが、そこでの学習の経過のなかで、もう会場中が、あるときの、ある場面で、涙と感動の渦に包まれてしまったのです。具体的なことについては割愛しますが（『あたりまえのことをあたりまえに教える教育学』てらいんく、二〇〇六年――参照）、ここで東京保育専門学校での人間関係づくりの基盤が整うことになる。わたくしはそれを〝人間革命〟と名づけて呼んでいますが、それは――

- 真心には真心で
- 信には信を以ってして
- 感動には感動が……

と、作用と反作用とが、見事といってもいいほどイコールで結ばれていく――。人間関係づくりの天啓とでもいっていいほどに。

＊

あと一つここでは、別の指導原理とでもいっていいものを申し上げてみます。まえにもちょっといいかけていましたが、「足らざるは補う――手をとって教える」ということです、考えてみれば簡単至極――当然過ぎることで、学生たちは足りないところがあるから、学校に来ている、その補いをつけてもらうために。（しかしこの単純な論理が、なかなか「教師」という〝人種〟には理解できていない。もちろん教育は「消費」ではありません。物々《ぶつぶつ》における需要と供給の関係などでは。人間同士という絶対値においての共生的志向関係――学費を出したから、その分教わるというのとは違うのです。「教える⇕教わる」という関係――したがって教師たる者、責任をもって教える。（育つということを前提にしながらではありますが。）

したがって「「こんなことも知らないのか」は禁句―ご法度。わたくしは『あたりまえのことをあたりまえに行なう学校経営学』（学樹書院、二〇〇七年）でこういっています。

「学生を否定の対象にしてはいけません。教育の対象にするのです。」とも。

学生が教師にとっての否定的な要素を持っているのは否めません。事実です。であれば、その事実《じじつ》を教育《きょういく》の出発点にする。

まずその筋道を図示してみます。

・事実を確かめる。
⇦
・そこでの事実を分析する。
⇦
・方法―施策―方策を考える。
⇦
・実行に移す。（適正に・的確に）

なすべきことは極めて簡単明瞭です。単純至極といってよいでしょう。しかし、それをやらないで、目のまえの事実をただ否定の対象にしてしまう。これではいけない。怠慢以外の何者でもありません。知恵と才覚どころか、そのかけらですらない。間違っていれば教える。足りないのであれば補ってやる。

これが教育の鉄則《セオリー》‼　そのためには、右の図式の順路を踏んで、個々の「事実」に最も適した「施策」を講ずる。それよりない。それが全て‼

「教える」ということでいえば、教えもしないで「考えさせる」などとんでもありません。ヒントを与えることも教えることのうち、軽く後ろから押してあげる――これなどは巧妙な教え方の一つといってよいでしょう。とにかく、まずしっかりと教える――。

ついでにここで、教えるということについて、わたくしがこのことだけは（教師たちには教えてほしい）と思って書いた『あたりまえのことをあたりまえに教える教育学』の「目次」を掲げておきます。

（19～21頁の同書「目次」引用箇所を参照）

学生否定はもちろんいけません。が、わけしり顔のソフトな「馴れ合い型」フレンドリーもまた。さきの引用の終わりのほうで触れていますが、きちんと教えもしないで、教えたつもりになっている教師の下では、ふやけた学生しか育っていかない。それはもう行なう先から見えてしまっている。「適正距離《プロパーディスタンス》」は、欠いてはならない教育のプリンシプルです。人間関係づくりにおいては「間《ま》」のとりかたこそが肝心。時と場合に応じて、いかにその間《ま》を使い分け得るか。無原則的な仲良しこよしのフレンドリーは、その大切な相互のあいだでの「間」の感覚を崩す、鈍らせている。反語的にいえば、いまいうプロパーディスタンスを持することを、ノーマルな「常識《コモンセンス》」としての、神経のデリカシーというのです。要するに、教えるべきことは、責任をもってきちんと教える‼

さっき東京未来大学のことをいいましたが、この学校では、10名の無断欠席者がいると、一人一人に電話を掛ける――これなどは、教わりに来ている者に、教える立場の側の者が、かたちを変えた意味での誠意と義務を果たそうとしている――そうなっているはずなのです。この感覚のデリカシー、そこに含まれている教育の厳峻さを感得しえていない学校は、早晩倒産する‼　わたくしはそう思っています。

六　まとめとして

――いま学校は選ばれている

よく〝昔〟は、といいますが、つい何年か前までは、振い落としても学生は集まってきていました。

しかしいま、時代の風向きは180度変わってしまったのです。平成18年度から、学生募集についての潮目は変異した、とわたくしは思っています。……実際には、その前の17年度からだったかもしれません。

……であるのに、そんな間で教師自身は、振り落としていたころの習慣や感覚がこびりついていて、意識の改革がなかなかできない。

そしてここが学校存続のポイント。……だったらどうするか――方法はいろいろあると思います。……しかしそのまえに、学校中の者が危機意識をもって、打って一丸となって総知と総力を絞り、難局に立ち向かっていく。〝全力投球〟で。その覚悟の大切さです。立派な保育者を育てなければならない――そのためには、どんなことがあっても学校を潰してはならない――という使命感に燃えた志《こころざし》の高さ‼　そのこと以外にはどんな方法もない、とわたくしは思っています‼

＊

学校が選ばれている、ということについては近年こんなことがありました。

- 20校にわたって、電話で資料の請求をし、そこでの電話の対応によって、自分の入学する学校を決めた。
- 三回にわたっての「学校案内」に全回出席し、自己判断・友人（親友）の判断・両親の判断を総合し、最後は、学校の責任者である校長の挨拶の内容《ことば》によって決めた。

•入学願書提出のとき、後ろを振り返ったら、教務室教職全員が頬笑みかけてくれていた。そのことが決心の最後の決め手になった。

•入学願書を提出して帰宅するとき、玄関で在校生が声を掛けてくれた。で、「よしこんな学校で」と……入学を決めた。

ことほどさように、いま学校は選ばれているのです。振るい落とすのではなく、そこでの立場は逆転している。このことをしっかり肚《はら》に据え、認識しなおさなければならない‼

「定員確保」ということに、話をしぼっていいますと、応募情況が大きく変更したのは、つぎの四つが主たる要因になっている、とわたくしは思います。おそらく皆さんも、そうお考えだと……。

•少子化による18歳人口の減少。

•大学・短大が、専門学校化して、保育の部門にまで割り込んできたこと。

•大学全入時代の到来。

•その大学・短大による〝青田買い〟。

そして四番目の〝青田買い〟こそが決定打‼　ノックアウトパンチです。専門学校間では、紳士協定によって、十月一日を試験解禁日とし、それを守る。そして、そこでの蓋を開けてみたら、予定—予想の受験者は、みんな大学・短大の保育科・幼児教育科に流れてしまっていた。それが、〝潮目〟の変更ということで決定的に表われたのが平成18年度から、ということになると思うのです。

……そのことに気づいて、東京専修学校各種学校協会（略称「東専各」）が平成20年度からＡＯ《アドミッション・オフィス》制度の導入を決める。受験日の実質的な前倒しとして。全国幼稚園教員養成機関連合会（略称「全幼教」）のばあい特別に協約を結び、19年度から実施することになっています。

……しかしそうはいえ、それが定員確保――入学者募集の決め手にはならない。さきにいいました東京未来大学での予想はずれが、そのことを如実に物語っていると思います。東京未来大学は、専門学校のノウハウを持ちながら、なおそのうえで〝青田買い〟をやっていた。それでも六割の人数しか集め得なかった。……そして、その反省の上に立っていいま、「教育内容・方法」の充実に必死に努めている――。

……とわたくしたちのばあい、具体的にはそことの勝負、ということになっているはず!! もちろん集め方の方法―工夫も大切です。が、最後の決め手は、やはり教育の中身!! いい教育をして、学生に満足感を与え、そのことを原動力に〝口コミ〟で学生を集める。そしてそれが理想のはず!! 自動的にそうなるのではありませんか!? 先生たちが親身で親切で熱心――その魅力に牽かれて現役の学生がたくさんの友達や後輩を連れてやってくる――もうワクワクするような教育の場のシーン――そんな学校をいかに創り出すか――イメージとして描き得る勝負の定めかたは、そこにしかない!!

……と、わたくしの学校の今年―平成19年度のばあいはどうか――

・一部定員100名のところ140名（1.4倍）

・二部定員50名のところ61名（1.2倍）

二部にあっては、三年制を開設してまだ二年目ですから、そんななかでの1.2倍は快挙といっていいと思います。しかも、61名中53名は短大卒（既卒者）以上。単なる寄せ集めとは違うのです。それは一部にもいえて、従来まで入試時の得点―12点だったものが14点にレベルアップしている。こんなことは拙校にとっても77年間の開校以来、初めて。確かに応募人数自体は激減しています。しかしそれに反比例して、学生の質は高まっている。と、これはどうしてか？　学校が選ばれている、ということのなかで起こった異変現象‼　全くの想定外の……。

わたくしは進路関係の業者がくると、折りを見て、周りの入学応募状況を尋ねることを慣わしにしています。客観的情報を得るためです。と、返ってくるのは「どこも厳しい」という答えばかり。そのうえに立っての結果としての返答は、さまざまに工夫を凝らし、……そんな間《あいだ》で落ちつくところは、就職率の高さを含めた指導の肌理《きめ》の細かさだと。――大学までもが、いまそのことに気づいて懸命に努力しているが、おいそれとはいかない、急場の間にはあわない、とも。……そしてここからは手前味噌になって恐縮ですが、「先生の学校のように細かい気遣いの指導をしているところは、外にありませんから。」と。そしてそれがたとえお世辞だったとしても、そういわれると嬉しくなってしまう。なおいっそう頑張らねば、と心を震い立たせていたりしていて。……それを、校長としてのわたくしの分の思いとしていえば、自分の持っている力の全てを使って、学生のために尽し抜く。学校のことは二の次。――まずは学生、学生のためにこそ、と。またそう考えることは、教職員たる者の勤務の仕方の理論《セオリー》にもそのまま繋がっている、そうすることによって、勤務の本質とは何かの誤魔化しがきかなくなるから。評価をするのは生きて動いている学生だからなのです。（しかしこのパラドックスがなかなか一般には理解されにくい。）……いうまでもなく、学生の指導にかんする校長の領分は限られています。実働的な意味での勝負の鍵を握っているのは教職員。だからその学校中の者みんなが捨て身になって、学生のために力を尽す‼

身を捨ててこそ浮かぶ瀬もあれ

……それ以外にいま、私学である専門学校の生き残りの術《すべ》はないのでないか――そしてこれはもう、理屈も方法をも超えていて現実そのもの。だからそう心得てそこに学校存続の命を賭ける、それよりない!!

以上――きょうは、右の故事（諺）をいうために、わたくしの古い時代の小学校教師経験をも混じえて、「ゆき届いた教育をする」、ということについての話をさせていただいたことになるのですが、言うは易《やす》く行なうは難《かた》し、されど成すべきことの道筋は単純至極だということ――それを申し上げさせていただいたことになります。

最後になりましたが、北九州保育福祉専門学校の、ますますのご発展を願って止みません。

初出一覧（講演外の「児童研究」等の原稿をも含む）

・いま幼児教育を考える（保護者会、サンタセシリア幼稚園・聖心学園幼稚園、二〇〇七年五月十日、十五日）
・いまなぜ躾か（保護者会、サンタセシリア幼稚園・聖心学園幼稚園、二〇〇八年四月十六日、二十一日）
・「聖心学園」における幼児の教育―保育とは（聖心幼稚園、サンタセシリア幼稚園教諭学習会、二〇〇八年、三月十九日）
・教育とは「全人教育」である――幼稚園の発表会にことよせて「児童研究」617号、聖心学園、二〇〇八年一月）
・子どもにとっての遊ぶことの大切さを考える（「児童研究」621号　聖心学園、二〇〇八年五月）
・「触わる」という感覚の幼児教育の効用について（「育つ力」30号、日本カトリック幼稚園連盟、二〇〇八年秋）
・幼児教育の現場から学ぶ――サンタセシリア幼稚園での一週間（「児童研究」625号、聖心学園、二〇〇八年九月）
・あたりまえのことをあたりまえに教える教育学（長崎県市町村教育委員研究大会、二〇〇六年十月十四日、つしまベルフォーレ）
・子どもとは何か――詩でつづる子ども観（「あたりまえのことをあたりまえに教える教育学」てらいんく、二〇〇六年）
・保育者養成校の課題（三多摩保育者連合会、二〇〇四年十月三十日、立川グランドホテル）
・わたくしの学校経営の工夫（全国幼稚園教員養成機関連合会、二〇〇六年六月十日、ガーデンパレス）
・生き残りをかけての私学経営と運営の秘訣！（北九州福祉保育専門学校、二〇〇七年十月十二日）

おわりに

わたくしは保育者養成校の校長を6年していました（勤務は7年）。同時に、学園の理事をも兼ねていましたので、学校に併設されている二つの幼稚園の経営にも携っていたのです。

小学校教師41年、大学教師10年と、長々と教育にかかわってきたことからすれば「教育者」ということになるのですが、「幼児教育」の専門家ではありません。しかし逆に考えれば、それだけの広い視野から幼児への教育を見ることができたといえなくもない、と自分では思っています。

そんな間《あいだ》でわたくしが痛感したのは、幼児教育、また幼児教育に当たる保育者の養成については、それが「実践の学」である、ということでした。……そうであるのに、実際の実状は「学問」に名を借りた、いわゆる「理論」優先の感がなくはない。そんな思いが強くて、したがって本書（教育エッセイを含めての講演集録）は、まさしく名のとおりの「実践論集」をつくろう――そんな意を込めての製作としてだったのです。

第一章は、幼稚園の保護者と教師たちに向けての講演、それに付随するものとして小論説を掲げました。後半の論説の直接の読者は、自校保育専門学校の学生ということになりますが、それを両併設幼稚園の保護者をも読者として想定しながら書いたのです。ですからそれは、幼児教育のみならず、小・中学校以降の全教育にかかわることがらとも繋がっていて、つぎ第二章ともそのまま直結していることになります。

第二章の最初は、長崎全県下の教育委員を対象にしての講演記録です。二本目は、自校の学生への最終講義のために用意したもので、「子ども論」といってよいもの。したがって、幼児の範囲を超えた「子ども」一般としての教育論考ということになり、前半の「現教育論」ともそのまま結びついているのです。両論とも、最先端の「知見」を取り入れてありますが、「あたりまえのことをあたりまえのように」という常識《コモンセンス》への気配りは忘れていないつもりです。

第三章は、保育者養成学校の教師、主とし経営者を対象とした講演記録です。わたくしの、〝経営哲学〟が前二本では書きだされており、後半の一本は、「専門学校〝冬の時代〟の乗り切り策」とでもいうべきものです。（なお同趣旨の講演「専門学校〝冬の時代〟をどうやって乗り切るか」として［全幼協、二〇〇七年五月二十三日］行なったものは、別著『あたりまえのことをあたりまえに行なう学校経営学』［学樹書院、二〇〇七年］に掲げてありますので、ご参照くだされば幸甚です。）

わたくしは、平成十九（二〇〇七）年三月、現職を退きましたが、学校での「教育改革」に併せ、「定員確保」についても、満を持して臨み、好結果を維持しつづけてきていました。（なお現在は、「学監」として復帰。）

しかし、ここで間違ってならないことがある――。経済的な経営をも含めてそこでの「教育」の成果を、実際現場における「子ども」（学生）たちの上に本当に還し得ているか――。勝負は一《いつ》にそこに懸っていて、実践の場で満足の得られていないような、そんな経営また教育は無《む》に等しい。「教育」とりわけ「保育」においては、そのことの意味を、夢忘れてはならない――「実践の学」とはそんなことだからです。

したがって本書は、広汎多岐にわたっての読者を想定していることになります。家庭で、子どもの保護・保育・教育に当たっておられる保護者の方々、その依託を受けての職務者としての幼稚園・保育所の先生方、さらには保育者を目指している学生、なおその教育指導者としての先生方、並びに経営者の方々、と。第二章の内容からは、小・中・高校の先生方にも。第一章の後半には、教育行政、また教育関係学者批判を含んでいて、その意味では、関係識者にも読んでいただきたい――そう思っています。

なお「実践の学」ということのなかには、わたくしとすれば、現場の先生・保育者の方々への〝応援歌〟の意味をも含んでいます。机上の空理・空論をどう超越し得るか――それがわたくし自身にとっての自己課題でもあったからです。

……したがって、わたくしのこの本をお読みいただくことで、保育・教育の実践現場での営為が、自信と誇りに満ちて全国に拡がっていく――そのことをも強く希《ねが》っていて思いに尽きるところはない‼　〈真心〉という名の実践の後《あと》に、理論も制度も方法もある――現場の実践家に頑張ってもらわなければ、なんにも展けていかない――そんな思いをお酌みとりいただければ幸甚ということになります。

二〇〇八年十二月

畑島喜久生

著者紹介

畑島喜久生（はたじま・きくお）

1930年長崎県生まれ。長崎師範学校，國學院大学文学部卒業。
東京都公立学校長を定年退職後，白百合女子大学・東京学芸大学・山梨大学講師，東京保育専門学校長を経て，現在同校理事・学監。二十年余，小学校国語教科書（学校図書）の編集に携わる。現代少年詩の会代表（「少年詩の学校」主宰）。日本児童文学者協会会員，日本児童文学学会会員。
［著書］
『学校経営小事典』（教頭篇1987年・校長篇1989年・主任篇1994年），『授業＝ナガサキ「平和への祈りの授業」』（1990年），『いま，教師であること』（1991年）（以上，国土社）。『「いじめ」「不登校」という教育のひずみ』（1997年，高文堂出版社）。『父よ！　母よ！　子どもたちよ！——酒鬼薔薇聖斗事件の衝撃から』（1998年），『弥吉菅一と児童詩教育』（2001年），『保育の心を求めて』（2003年）（以上，リトル・ガリヴァー社）。『学校が変わる　学生が変化する』（2005年，すずさわ書店）。『霜山徳爾の世界』（2006年），『あたりまえのことをあたりまえに行なう学校経営学』（2007年）（以上，学樹書院）。『あたりまえのことをあたりまえに教える教育学』（2006年，てらいんく）。『保育の心を求めてII』（2007年），『いま日本の教育を考える』（2007年），『いま日本の教育を考えるII』（2008年）（以上，リトル・ガリヴァー社）ほか多数。

書　名　　幼児と子ども・保育者はこうして育てる
――講演・エッセイ集
著　者　　畑島喜久生
印刷日　　2009 年 1 月 16 日
発行日　　2009 年 2 月 17 日
制　作　　株式会社エフ・エー・ティ
印刷所　　富士印刷株式会社
製本所　　富士印刷株式会社
発行所　　株式会社学樹書院
所在地　　〒 151-0071　東京都渋谷区本町 1-4-3
TEL 03-5333-3473　FAX 03-3375-2356
http://www.gakuju.com

Gakuju Shoin, Publishers Ltd. *Printed in Japan.*
ISBN 978-4-906502-33-2 C0037

感情論理

ルック・チオンピ／松本雅彦・井上有史・菅原圭悟訳
精神分析、構造主義、システム論、オートポイエシスなどの理論を援用し、人間精神の正常と異常の構造を、感情と論理の統合的解釈によって明快に叙述した各界絶賛の精神医学的人間論。【A5 変型 上製 520 頁】**品切れ**

心身医学

フランツ・アレキサンダー／末松弘行監訳
こころとからだをつなぐキーコンセプトを全体論的立場から解き明かし、さまざまな領域にみられる情動的要因を体系的に論じた歴史的名著。心身医学、医学的心理学の入門書としても精彩を放つ。【A5 上製 290 頁／定価（本体 5500 円＋税）】

精神分裂病の概念　精神医学論文集

オイゲン・ブロイラー／人見一彦監訳
「精神分裂病」（統合失調症）の名称をはじめて用いた「早発性痴呆（精神分裂病群）の予後」をはじめ、自閉、両価性といった重要な精神病理学的概念を提唱した重要論文を収録。【A5 変型 上製 208 頁／定価（本体 4200 円＋税）】

失われた《私》をもとめて　症例ミス・ビーチャムの多重人格

モートン・プリンス／児玉憲典訳
ヤスパースが「二重人格あるいは交代意識のもっとも見事な症例」と呼んだ多重人格に関する古典。本症例には傾聴すべきものが多々含まれている。
【A5 並製 580 頁／定価（本体 4000 円＋税）】

妄想とパースペクティヴ性　認識の監獄

W. ブランケンブルク編／山岸・野間・和田訳
ドイツ語圏の主要な精神病理学者たちが、「パースペクティヴ性」という新たな概念を援用しながら「妄想」の解明を試みた記念碑的論文集である。
【A5 並製 180 頁／定価（本体 3500 円＋税）】

基盤としての情動　フラクタル感情論理の構想

ルック・チオンピ／山岸・野間・菅原・松本訳
「感情論理」の発表から 20 余年、さらなる円熟をきわめた心的モデルの試論。最新の生物学的知見や科学基礎論を援用する。
【A5 並製 432 頁／定価（本体 5000 円＋税）】

霜山徳爾の世界　ある心理学者にかんする私的考察

畑島喜久生
苦悩する旅人たちの傍らで、異色の心理学者として生と死について呻吟し続けた徳爾の思索と肉声を、精緻な考証で綴った珠玉のオマージュ。
【A5 上製 246 頁／定価（本体 2500 円＋税）】

あたりまえのことをあたりまえに行なう学校経営学　専門学校"冬の時代"をどうやって乗り切るか！

畑島喜久生
東京保育専門学校の改革の軌跡とその秘密。校長として改革に取り組み、就職率100%、口コミ入学 56% の実績を築いた当事者が、教育、学校経営、広告、環境づくりのノウハウを徹底開示。【A5 並製 216 頁／定価（本体 2500 円＋税）】

スピノザの生涯と精神

リュカス＝コレルス／渡辺義雄訳
ヨーロッパ思想史においてつねに異端のまなざしで捉えられてきた哲学者についての、同時代人たちによる最古の伝記資料集。ファン・ローンによる「レンブラントの生涯」抜粋を付す。詳細な解題つき。【四六上製 232 頁／定価（本体 3200 円＋税）】

精神の眼は論証そのもの　デカルト・ホッブズ・スピノザ

上野　修
相反する立場を包み込もうとしたデカルト、「人はなぜ人に服従するのか」を問いつづけたホッブズ、スキャンダルの渦中に投げ込まれたスピノザ。３人の哲学者が共有する概念に着眼した画期的考察。【A5 変型 上製 248 頁／定価（本体 3500 円＋税）】

初めの光が　歓びと哀しみの時空

チャールズ・バクスター／成田民子訳
歓びと哀しみの時空間を科学的・芸術的感性で謳い上げた異色作家によるインテレクチュアルな長編小説。ダンテ、ニーチェ、オッペンハイマーらを折々に引用しながら凡庸と非凡の美を追求した作品。【四六上製 406 頁／定価（本体 2500 円＋税）】

ピアノ・レッスン　長編小説

ジェーン・カンピオン＋ケイト・プリンジャー／中里京子訳
同名映画を監督自身が小説の形式で再構成したオセアニア文学の傑作。映画では描ききれなかった登場人物たちの過去の秘密、深層心理のエピソードがフラッシュバックのスタイルで明らかにされる。【四六上製 270 頁／定価（本体 2200 円＋税）】